Déborah Rosenkranz

Stärker denn je

Über die Autorin

Déborah Rosenkranz ist eine Sängerin, Songwriterin und Buchautorin, die sich stark für Menschen auf der Suche nach ihrer Identität einsetzt. Sie hat eine Einrichtung für Mädchen mit Essstörungen mitinitiiert und hat sich der Aufgabe verschrieben, Menschen etwas von der Hoffnung weiterzugeben, die sie selbst in ihrem Leben erfahren hat. 2016 gewann sie hierfür den *Emotion Award* in der Kategorie „Soziale Werte“.

Déborah Rosenkranz

Stärker DENN JE

Wie dein verletztes Herz heilen kann

GerthMedien

MIX
Papier | Fördert gute Waldnutzung
FSC® C014496
FSC www.fsc.org

Max-Eyth-Str. 41 · 71088 Holzgerlingen
gerth.de

4. Auflage 2026
Bestell-Nr. 817524
ISBN 978-3-95734-524-0

Umschlaggestaltung: Hanni Plato
Umschlagfoto: © Dieter Düvelmeyer, www.ddphotography.de
Lektorat: Désirée Wiktorski
Satz: Greiner & Reichel GmbH, Köln
Druck und Verarbeitung: GGP Media GmbH, Pößneck
Printed in Germany

Inhalt

„Genauso ist mein Wort: Es bleibt nicht ohne Wirkung, sondern erreicht, was ich will, und führt das aus, was ich ihm aufgetragen habe. Ihr werdet voller Freude in die Freiheit hinausziehen und wohlbehütet euren Weg gehen."
(Jesaja 55,11–12)

Einleitung

Schenk mir eine neue Geschichte!" Es war dieses einfache Gebet, das alles veränderte. Ich weiß nicht, ob ich mich gewagt hätte, diese Worte auszusprechen, wenn ich damals schon gewusst hätte, was danach passieren würde. Denn Gott schenkte mir tatsächlich eine neue Geschichte – ohne die es dieses Buch nicht gäbe.

Manchmal fragen wir uns vielleicht, ob Gott unsere „schnell dahergesagten Worte" wirklich hört; spätestens nach dieser einschneidenden Erfahrung habe ich keine Zweifel mehr daran.

Doch keine Angst, er würde kein Gebet erhören, das nicht seinem souveränen und unendlich liebevollen Willen entspricht. Und nur weil Gott bereits das gute Ende dieser „neuen Geschichte" kannte, ließ er sie zu.

....

Mein Leben hatte schon immer viel mit Musik zu tun. Bereits als junges Mädchen entdeckte ich meine Leidenschaft fürs Singen. Mit neun Jahren fing ich an, im Chor zu singen, und seit meinem 12. Lebensjahr bin ich international auf Tour. Mit 23 eröffneten sich mir als der „singenden Flugbegleiterin" so viele Türen, dass ich seitdem mit meiner Musik und meiner Geschichte beinahe ununterbrochen unterwegs bin.

Und meine Geschichte hat es in sich! Als Teenager rutschte ich in eine schlimme Essstörung, die mich fast das Leben gekostet hätte. Doch eine Nacht, in der ich meine Eltern für mich beten hörte, änderte alles. Ihr ergreifendes Gebet gab mir den Anstoß, um mein Leben zu kämpfen. Tatsächlich durfte ich wieder vollkommen gesund werden und kann heute vielen jungen Frauen helfen und Mut machen, die Ähnliches durchleben müssen wie ich damals. Nichts erfüllt mich mehr, als in mein E-Mail-Postfach zu schauen und eine Nachricht zu lesen, in der jemand schreibt: „Weißt du eigentlich, dass ich dank deiner Musik noch am Leben bin?“ oder: „Ich habe kürzlich dein Buch gelesen – wenn du es geschafft hast, das hinter dir zu lassen, dann will ich das auch!“ Diese Rückmeldungen zu bekommen und hautnah miterleben zu dürfen, wie meine Geschichte andere ermutigen kann und welchen lebensverändernden Einfluss sie offensichtlich auf diese jungen Frauen hat, das ist es, was mein Leben in den letzten zehn Jahren so erfüllt gemacht hat!

Einen „Alltag“ gibt es in meinem Leben nicht, aber genau das liebe ich daran. Als ich Anfang 2016 das Gebet um eine neue Geschichte in den Himmel schickte, war ich an einem Punkt angelangt, an dem ich trotz der Abwechslung in meinem Leben Lust auf etwas Neues hatte. Ich wollte *mehr*. Ich wollte meinem Publikum mehr erzählen können als immer nur die gleiche Geschichte. Deshalb betete ich diese „gefährlichen Worte“: „Schenk mir eine *neue* Geschichte …“ Dass daraufhin der größte Schmerz meines Lebens folgen würde, damit hatte ich nicht gerechnet. Nie hätte ich gedacht, dass das kommende Jahr sich schlimmer anfühlen sollte als die sieben Jahre, in denen ich unter meiner Essstörung litt. Es sollte eine Zeit werden, in der ich durch den tiefsten Herzschmerz und meine größte Identitätskrise gehen würde. Alles, was mich bisher ausgemacht hatte, wurde in diesem Jahr infrage gestellt. Ich wusste nicht mehr, wer ich war, und vor allem, wie wertvoll ich war. Ja, das passierte mir – der Frau, die seit Jahren immer wieder über dieses Thema spricht!

Ich erlebte in diesem Jahr, wie mein Selbstwert durch Zurückweisung und emotionalen Missbrauch in einer Beziehung komplett zerstört wurde, wie sich alles in mir zerbrochen anfühlte. Ich erlebte, wie es ist, monatelange nachts schlaflos wach zu liegen und in tiefen Depressionen zu versinken. Ich, die lebensfrohe, immer lächelnde Déborah, bekam schließlich die Diagnose „an der Schwelle zum Burn-out – Alarmstufe Rot!" Dass mir so etwas je passieren würde, hätte ich nie für möglich gehalten. Mir doch nicht?! Das Thema „Depression und Burn-out" erschien mir immer so weit weg, dass ich früher ehrlich gesagt nicht nachvollziehen konnte, wie sich Menschen jahrelang in ihren Depressionen verlieren konnten.

Heute kann ich es. Sehr gut sogar. Denn ich habe es selbst erlebt – und durfte den Ausweg aus dieser scheinbar hoffnungslosen Situation finden! *Ich durfte erfahren, dass aus jeder Wunde ein großes Wunder werden kann.*

Den schmerzhaften Weg von unserem persönlichen Nullpunkt zurück ins Leben muss jeder selbst gehen, doch es ist ein Weg, der sich lohnt. Ich möchte dich deshalb dazu ermutigen, niemals aufzugeben, bis auch du *das Wunder in deiner Wunde* entdeckst und durch deine schwerste Zeit am Ende stärker denn je wirst! Genau deshalb schreibe ich dieses Buch.

Diese „neue Geschichte" ist jedoch so persönlich, dass es mir sehr schwerfiel, mich für dieses Buch zu entscheiden. Eigentlich wollte ich nicht, dass die Menschen erfahren, was mir passiert war. Denn mir war – und ist – bewusst, wie verletzlich ich mich dadurch mache. „Was werden die Leute denken?", diese Frage beschäftigte mich sehr lange. Bisher war ich schließlich nur als die „Powerfrau" bekannt, die scheinbar rund um die Uhr gut drauf ist und kein Problem damit hat, die Menschen an ihrem Leben teilhaben zu lassen. Was würde nun passieren, wenn diese „Powerfrau" plötzlich eine komplett neue Seite von sich preisgeben würde? Unzensiert und ehrlich?

....

Eines Nachts lag ich wach in meinem Bett, blickte zurück auf diese schreckliche Zeit, die ich bis dahin vor allen geheim gehalten hatte, und fragte Gott: „Wieso ist *mir* all das passiert?" Die Antwort folgte prompt und war deutlich: „... weil so viele Menschen da draußen mindestens genauso viel Schmerz mit sich herumtragen und nach Antworten suchen! Ich habe dir eine Plattform geschenkt, über die du meine Wahrheit verbreiten kannst, die jeden frei und jeden heil machen kann! Jetzt öffne deinen Mund und rede!"

Ich spürte, dass diese Gedanken nicht von mir kamen, sondern dass Gott selbst sie mir ins Herz geflüstert hatte. Und ich wusste, dass es stimmte: Wir sind umgeben von verletzten Menschen mit traurigen Geschichten. Wir müssen nur die Personen links und rechts von uns fragen. Jeder Mensch hat seine eigenen schmerzhaften Erfahrungen – sei es mit dem Verlust eines geliebten Menschen, tiefem Herzschmerz, Einsamkeit und Zurückweisung, der viel zu frühen Beerdigung eines Kindes, einer furchtbaren Scheidung, existenziellen Geldnöten und Überlebensängsten, einer schweren körperlichen Krankheit oder aber mit seelischem Leiden wie Depressionen und Burn-out. Egal, mit welchen Erfahrungen wir kämpfen, wir alle haben die Wahl aufzugeben oder durch unsere Geschichte stärker denn je zu werden! Gerade heute, als ich die ersten Zeilen dieses Buches schreibe, lautet die Losung in meinem Andachtsbüchlein:

> „Dies alles habe ich euch gesagt, damit ihr durch mich Frieden habt. In der Welt habt ihr Angst, aber lasst euch nicht entmutigen: Ich habe die Welt besiegt!"
> *(Johannes 16,33)*

Jesus hat „die Welt besiegt“ – und somit alle Krankheiten, alle Depressionen und alle für uns so aussichtslos scheinenden Situationen. All das hat er *besiegt!* Und Gottes Wort, die Bibel, will uns daran erinnern, dass wir diese Wahrheit auch heute noch für unser ganz persönliches Leiden in Anspruch nehmen können. Deshalb werde ich in diesem Buch unverblümt meine Geschichte erzählen und mit vielen Bibelversen untermauern. Gerade weil mir in meiner größten Depression nichts sinnvoller vorkam, als mich intensiv mit der Bibel zu beschäftigen, und genau das mir geholfen hat, meine Depressionen zu besiegen!

Viele unserer Probleme im Leben und Wunden, die wir tragen, haben mit Unwahrheiten zu tun, die über uns ausgesprochen wurden – und die wir geglaubt haben. Deshalb brauchen wir das wirksamste Gegenmittel: die Wahrheit! In der Bibel steht:

> „Ihr werdet die Wahrheit erkennen und die Wahrheit wird euch frei machen!" *(Johannes 8,32)*

Und selbst wenn es dir gerade wunderbar geht und du mit all dem Schmerzhaften, was ein Mensch erleben kann, noch nicht wirklich in Berührung gekommen bist, ist es gut für dich, von meinen Fehlern zu lernen und dir all die biblischen Wahrheiten, über die ich schreiben werde, zu Herzen zu nehmen. So wird dein Herz weise und stark und wenn du in deinem Leben mal an solch einen Punkt gerätst, wie ich es war, bist du ausgerüstet – oder du kannst anderen helfen, die gerade eine schwere Zeit durchmachen. Und das tun wir alle früher oder später. Ob jung oder alt, reich und erfolgreich oder arm und arbeitslos. Jeder erlebt einmal Schweres, doch wenn das Resultat daraus ist, dass wir Gott näherkommen, dann haben wir am Ende mehr gewonnen, als wir mit Geld je kaufen könnten.

Wenn du erlebst, dass du frei werden kannst, allein, weil du die Wahrheit über dich kennst, dann haut dich so schnell nichts mehr um! Und genau das ist mein Wunsch für dich mit diesem Buch: dass die Wahrheit dich frei machen wird! Die Wahrheit über deine Situation. Die Wahrheit über dich. Und, dass du mit dieser befreienden Erkenntnis weitergehst und diesen Menschen links und rechts von dir helfen kannst – mit *deiner* Geschichte! Deswegen schreibe ich dieses Buch. Ehrlich. Unzensiert. Furchtlos. Für dich. Für die Menschen um dich herum. Für alle, die schon einmal tief verwundet wurden und sich mit mir auf eine Reise begeben wollen, die sie stärker denn je machen wird!

1. Wie ich mein Herz und mich verlor

Auch ein Traummann darf nicht deine Träume stehlen!

Der große Tag war gekommen. Heute stand das an, was ich immer wieder vor mir hergeschoben hatte: mein erstes Verkupplungsdate. Ganz ehrlich, ich und ein Verkupplungsdate? Wenn das jemand wüsste! Doch schon seit einiger Zeit hatte es ein Freund von mir auf dem Herzen, mir seinen besten Freund vorzustellen. In seinen Augen waren wir wie füreinander geschaffen! Als ich dann einmal in der Gegend meines Freundes auf Tour war und bei seiner lieben Familie übernachtete, zeigte er mir ein Foto von dem Mann, der angeblich für mich geschaffen war. Es zeigte ihn am Klavier sitzend. Ich war sofort hin und weg. So einen gut aussehenden Mann hatte ich nicht erwartet! Ich weiß noch, wie ich ihn die halbe Nacht gegoogelt habe, so sehr hatte mich dieses Bild von ihm fasziniert.

Von diesem Moment an war ich tatsächlich sehr neugierig gewesen und willigte deshalb ein, ihn endlich einmal kennenzulernen. Mein Freund schlug für unser erstes Treffen ein Mittagessen zu viert vor. Doch einen Termin dafür zu finden, war gar nicht so leicht, da ich aufgrund meiner Musik immer sehr viel auf Reisen bin und einen ziemlich verrückten Zeitplan habe. Aber als ich hörte, dass mein „potenzieller Zukünftiger“ auch in diesem Punkt sehr ähnlich tickte, wurde ich noch gespannter. So kam es, dass wir unser Lunchdate zwei Monate im Voraus planen mussten. Ich fand das gut, denn so hatte ich genug Zeit, um mir eine Ausrede einfallen zu lassen, falls ich es mir doch noch einmal anders überlegen würde.

....

Er wohnte knapp drei Stunden von mir entfernt und das ist nicht gerade wenig. Ich erinnere mich noch ganz genau daran, wie nervös ich an diesem Frühlingsmorgen war. Die ganze Zeit überlegte ich, ob ich das Richtige tat. Hatte ich überhaupt die zeitlichen und emotionalen Kapazitäten für eine Beziehung in meinem Leben? Natürlich sehnte ich mich nach Liebe und nach einem Mann an meiner Seite. Doch was, wenn das Date total peinlich werden würde und wir sofort erkennen würden, dass es zwischen uns überhaupt nicht passte? Trotz all dieser Zweifel siegte die Neugier und so fuhr ich los. Ich hätte kaum aufgeregter sein können! Wie würde er „in echt" aussehen? Würden wir uns verstehen? War er vielleicht wirklich „der Richtige"?

Schließlich stand die Antwort auf alle diese Fragen unmittelbar bevor: Ich war da! Eine majestätische Allee führte zu seinem Restaurant und schon allein dieser Anblick ließ mein Herz noch höher schlagen. Ja, es war *sein* Restaurant, in dem wir uns mit unserem gemeinsamen Freund und dessen Frau verabredet hatten. Ich sah einen Mann mit einer stylischen Sonnenbrille an einem der Tische auf der Terrasse sitzen und wusste sofort: „Das ist er!" Gut aussehend und gut gekleidet nippte er an einem Aperol. Bei seinem Anblick musste ich sofort an George Clooney denken. Aufgeregt ging ich auf ihn zu. Die Funken sprühten ohne Vorwarnung, als er sich mir vorstellte: „Bonjour, ich bin Luc!" Seine Augen strahlten durch die Sonnenbrille hindurch mit der Sonne um die Wette und sein schönes Lächeln ließ mein Herz beinahe explodieren. Das Essen schmeckte köstlich, aber es waren die unglaublich tiefen und bereichernden Gespräche, die mich bei diesem ersten Treffen beeindruckten. Wir unterhielten uns im wahrsten Sinne des Wortes über Gott und die Welt und unsere gemeinsame Liebe zur Musik. Auch von seiner Charity Organisation erzählte er mir. Alles schien zu passen. Unsere Gemeinsamkeiten waren erstaunlich. Wir sprachen sogar dieselben Sprachen: Französisch, Englisch und Deutsch. Und das Wichtigste war, wir hatten die gleichen Lebensträume und beide einen leidenschaftlichen Glauben. Denn auch für Luc stand Gott an erster Stelle. Mein Herz machte Loopings! Ich konnte gar nicht glauben, dass es so etwas wirklich gab, und ich verstand nun, weshalb unser gemeinsamer Freund uns unbedingt einander vorstellen wollte.

Die Zeit mit Luc und unseren Freunden verging wie im Flug. Wir waren den ganzen Tag zusammen unterwegs. Irgendwann verabschiedeten sich die beiden, doch wir unterhielten uns noch so lange weiter, dass ich erst spätabends zu ihnen zurückkam. Netterweise durfte ich bei ihnen übernachten und musste nicht mehr den langen Weg nach Hause fahren. Sie konnten es kaum erwarten zu erfahren, was ich von Luc hielt. War das ein Spaß! Vor ihnen hatten wir uns nichts anmerken lassen, doch wir beide wussten auch ohne viele Worte, dass dieses Treffen der Beginn einer Beziehung sein würde. Und so begann unsere Reise des Kennenlernens auf der Überholspur. Eine Reise war es im wahrsten Sinne des Wortes, denn ich war wie immer viel auf Tour. Wie froh war ich, dass er mich spontan begleitete.

Ich war sehr nervös, als ich das erste Mal vor ihm auf der Bühne stand. Doch als sich unsere Blicke trafen und ich sah, wie er vor Rührung Tränen in den Augen hatte, wusste ich: „Alles ist gut! Er findet gut, was ich mache." Nach dem Auftritt standen wir an meinem CD-Tisch und ich sah, wie er jungen Mädchen meine Bücher und T-Shirts schenkte, anstatt sie zu verkaufen. Fragend sah ich ihn an, schließlich lebe ich von meinen Verkäufen. Luc meinte nur ergriffen: „Wir müssen andere Wege finden, um das zu finanzieren.

Für diese Mädchen sind deine Bücher und CDs ‚Lebensretter', die sie mit ihrem letzten Geld bezahlen. Es muss einen anderen Weg geben!" Was für wunderschöne Worte waren das! Was für ein großes Herz musste er haben! Kein Wunder verliebte ich mich mehr und mehr in diesen großzügigen Mann.

Zu genau diesem Zeitpunkt erfuhr ich, dass ich den *Emotion Award* in der Kategorie „soziale Werte" gewonnen hatte. Diese Auszeichnung war eine große Ehre für mich. Nach all den Jahren des harten Arbeitens „hinter den Kulissen" und den vielen schlaflosen Nächten war dieser Preis eine Anerkennung, die wahnsinnig guttat. Auch auf die Preisverleihung in Hamburg freute ich mich riesig. Wie spektakulär diese Reise nach Hamburg noch werden würde, das hätte ich mir jedoch nie erträumen lassen.

....

Mir war nicht entgangen, dass unsere Beziehung mit einer sehr hohen Geschwindigkeit voranging. In unseren ersten drei Monaten verbrachten wir sehr viel Zeit miteinander, in der wir nicht nur viel unternahmen und Tolles erlebten, sondern vor allem sehr viel zusammen beteten und intensive und wertvolle Gespräche über den Glauben führten. Unsere Liebe war verwurzelt in der gemeinsamen Liebe zu Gott. Dadurch erreichte unsere Beziehung schon in dieser kurzen Zeit eine erstaunliche Tiefe und in meinem Herz verfestigte sich die Gewissheit, dass dieser Mann ein Geschenk Gottes sein musste. Für mich stand außer Frage, dass Gott noch viel mit uns beiden vorhatte. Wir hatten große Träume und Visionen, in denen uns anfangs auch andere bestätigten. Alles schien so wunderbar geführt, dass ich keinen Zweifel daran hatte, dass Gott diese Beziehung wollte und dass er sie segnen würde.

In diesen Wochen und Monaten schwebte ich beinahe durchs

Leben, so voll war ich von der Liebe zu Gott und zu diesem Mann. Es waren die Erinnerungen an diese Wochen, die mich später immer wieder an dieser Beziehung festhalten ließen. Und Luc tat in dieser Zeit auch wirklich alles dafür, dass ich mich Hals über Kopf in ihn verliebte – zum Beispiel, indem er mir den größten Rosenstrauß, den ich jemals bekomme hatte, nach Hause bringen ließ! Sein Kommentar dazu: „Die Eroberungsphase hat man mir ja mit dem Verkupplungsdate genommen. Deshalb hole ich das jetzt einfach nach!" Ich liebte es! Er hatte den Chef eines Blumenladens in meiner Stadt überredet, an einem Sonntagmorgen früh aufzustehen, um mir den Blumenstrauß höchstpersönlich zu überreichen. Der Florist war selbst ganz hin und weg von dieser Geste und sagte zu mir: „Glauben Sie mir, dieser Mann meint es ernst. Er hat mir keine Ruhe gelassen, bis ich ihm versicherte, dass ich es machen würde!"

Auch schrieb mir Luc anfangs unglaublich romantische Briefe, deren Inhalt weit über schmeichelnde Liebeserklärungen hinausging. So versprach er mir mehrfach: „Ich will dich in deiner Arbeit unterstützen, wo ich nur kann." Wir sprachen sehr früh über eine gemeinsame Zukunft, da wir schließlich keine 18 mehr waren und alles so klar zwischen uns schien. Wir waren uns sicher: Wir hatten einander gesucht und gefunden!

Nach einem Meeting, zu dem ich Luc begleitet hatte, saßen wir in einer schicken Bar in Montreux und tranken ein Glas Champagner, als er mich plötzlich fragte, welchen Ring ich mir wünschen würde. Mein Herz raste. „Ich habe schon so viel Geld für die Ringe meiner Exverlobten ausgegeben, aber bei dir soll es gleich der richtige sein", fügte er hinzu. Dieser Satz ließ mich stutzig werden und versetzte meinem eben noch vor Glück rasenden Herzen einen Stich. Es tat weh zu hören, dass er offensichtlich schon mehrfach verlobt war. Doch irgendwie schaffte ich es, den Gedanken daran wieder zu verdrängen – schließlich liebten wir uns und das zwischen uns beiden war etwas ganz Besonderes. Das versuchte ich mir zumindest immer wieder einzureden.

So flogen wir später gemeinsam nach Hamburg, um meinen Award in Empfang zu nehmen. Bei strahlendem Sonnenschein schlenderten wir vor dem Event durch die Straßen der schönen Hafenstadt, alberten verliebt herum – und hielten plötzlich vor einem Juwelier. Es war tatsächlich *Tiffany*. Mein Mädchentraum wurde wahr: ein Ring von *Tiffany*! Und da realisierte ich, dass es nun wirklich ernst mit uns wurde und wir womöglich schon an diesem Tag auf eine Verlobung zusteuerten. Ironischerweise geschah dann etwas, was mich sehr enttäuschte und die Verlobung im letzten Moment verhinderte. Heute weiß ich, dass es einfach nur Bewahrung war. Wenn wir in der Bibel in Psalm 91,11–12 lesen: „Denn er hat seine Engel ausgesandt, damit sie dich schützen, wohin du auch gehst. Sie werden dich auf Händen tragen und du wirst dich nicht einmal an einem Stein verletzen!", dann gilt das nicht nur für die Reisen, auf die wir uns begeben. Nein, es gilt für deine gesamte Lebensreise!

In meinem Fall war mit diesem „Stein" der teure Diamant gemeint. Luc fragte: „Welcher dieser Ringe gefällt dir am besten?" Ich zeigte, ohne zu zögern, auf den, der mir sofort ins Auge gestochen war. Ich hatte keine Ahnung von den unterschiedlichen Preisklassen in diesen Geschäften und mit meinem offensichtlich exquisiten Geschmack hatte ich ausgerechnet einen der teuersten Ringe ausgewählt. So kam es weder zu einem Direktkauf noch zu einer Direktverlobung, stattdessen vertröstete mich Luc mit einem „Wir müssen noch ein wenig warten". Heute muss ich darüber schmunzeln, doch damals war ich sehr enttäuscht. Den *Emotion Award* zu gewinnen *und* einen Verlobungsring zu bekommen, wäre schließlich das perfekte Märchen gewesen. Doch „[er] hat seine Engel ausgesandt, damit sie dich schützen".

Oft realisieren wir nicht, dass Gott uns gerade bewahrt. Erst später macht alles Sinn. Auch beim zweiten Anlauf, als wir ein paar Wochen später Freunde in Alicante besuchten, sollte die Ringsuche erfolgslos bleiben. Dabei waren wir in Alicante, *der* Stadt für Brautmoden! Es ist beinahe eine Leistung, dort nichts Passendes zu finden. Doch bei jedem Ring gab es einen Haken. Entweder er passte oder er gefiel mir nicht, oder er war viel zu teuer. Ich bin sicher, dass das kein Zufall war. Heute bin ich überzeugt davon, dass Menschen, die beten, immer unter einem besonderen Schutz stehen, auch wenn sie ihn gerade nicht wahrnehmen können. Denk einmal kurz drüber nach, was das für dein Leben bedeuten könnte?

....

Auch ohne Verlobung wurde die Verleihung des *Emotion Awards* zu einem unvergesslichen Abend! Ich stand auf der Bühne und lauschte der Rede von der Frau eines berühmten Politikers über mich, die so bewegend war, dass mir die Tränen kamen. Ich sah, wie das Publikum nach meiner eigenen Rede in Applaus ausbrach, der aus einer echten Rührung heraus entstand. All das rührte mich sehr, doch der stärkste Moment war, als diese sehr bekannte Frau zu mir sagte: „Ich konnte vorhin nur so eine Rede halten, weil mich das Anliegen Ihrer Arbeit selbst betrifft. Ich kenne diese Thematik nur zu gut … Vielen Dank für das, was Sie tun.“ Nach einem tiefen Gespräch verließ sie mich mit meinem Buch unter dem Arm. Wow. Wie dankbar war ich für diesen Auftrag, den Gott mir hier auf Erden anvertraut hatte. Solche Momente bedeuten mir weitaus mehr als der wichtigste Award.

Ich war so froh, schon so viele Jahre mit dieser befreienden Botschaft unterwegs sein zu dürfen. Dass ich auf dieser Reise nun nicht mehr allein, sondern zu zweit war, war das allergrößte Geschenk für mich. Ein Geschenk, nach dem ich mich schon so lange gesehnt hatte. So viele Jahre war ich einsam auf Tour gewesen und hatte geglaubt, dass es unmöglich sein würde, jemanden zu finden, der meinen turbulenten Lebensstil nicht nur verstehen, sondern sogar noch unterstützen würde. Doch plötzlich war er da. Ganz unerwartet. Für mich ging der größte Traum in Erfüllung. Wir standen auf dem roten Teppich und lächelten um die Wette, während uns von allen Seiten die Kameras umgaben. Es war ein perfekter Tag!

Ich hatte zwar noch keinen Verlobungsring, aber dennoch hatten die ersten Planungen für die Hochzeit bereits stattgefunden und das Thema kam immer öfter auf, wenn die Familie zusammenkam. Da war es klar, dass wir uns auch schon Gedanken über meinen Umzug machten. Nach der Hochzeit würde ich meine Wohnung am Bodensee aufgeben und zu ihm in die französischsprachige Schweiz ziehen.

Ich hatte gerade erst einen Schrank für meine Wohnung bestellt, der aufgebaut werden sollte. Als Luc zu Besuch kam und sagte: „Den brauchst du jetzt nicht mehr aufbauen zu lassen, das lohnt sich nicht mehr", war ich hin und weg. Dass dieser Schrank monatelang in seinem Karton im Flur stehen bleiben und schlussendlich doch in meiner eigenen Wohnung aufgebaut werden würde, konnte ich in diesem Moment natürlich noch nicht ahnen. Vielmehr träumte ich von unserer Hochzeit und konnte mich einfach nicht entscheiden, wo diese stattfinden sollte. Ich schwankte zwischen einer großen Hochzeit mit all meinen Freunden am Bodensee und einer Hochzeit mit der engsten Familie am Strand von Hawaii. Du siehst, ich hatte echte Luxusprobleme …

....

Eine Beziehung bedeutet immer Veränderung. Sie bedeutet, auch einmal Kompromisse einzugehen. Ich wusste, dass ich ein komplexes Leben hatte, aber war immer bereit, Lösungen zu finden, um Luc entgegenzukommen. Doch in einem Punkt ging meine

„Kompromissbereitschaft“ zu weit, was ich damals jedoch noch nicht erkannte. Luc bat mich, mich von meinem Produzenten Daniel zu trennen. Daniel war es allerdings, der mir von Anfang an zur Seite gestanden hatte, der mit mir sämtliche Höhen und Tiefen durchlebt hatte und der nie aufgehört hatte, an mich zu glauben. Das Problem für Luc war, dass wir früher einmal ein Paar gewesen waren, doch wir hatten es nach der Trennung geschafft, Freunde zu bleiben und normal miteinander zu arbeiten. So etwas Wertvolles und Wundervolles wie mit ihm hatte ich noch nie erlebt. Er wurde mein bester Freund.

Luc konnte das nicht verstehen. Schon von Anfang an war das Thema „Daniel“ deshalb ein Problem in unserer Beziehung. Luc wurde immer eifersüchtiger auf ihn, bis er irgendwann meinte, es sei unmöglich für ihn, die Beziehung mit mir weiterzuführen, wenn ich weiterhin mit ihm arbeiten würde. Er war sehr überzeugend, fast einschüchternd, als er mir klarmachte, dass Daniel der Grund sei, weshalb ich noch nicht erfolgreicher sei als bisher. Um mich von seinen Argumenten zu überzeugen, benutzte Luc bei Diskussionen auch immer wieder Bibelverse, die seinen Standpunkt scheinbar stützten.

Ich will mir nicht anmaßen zu beurteilen, ob Luc das tat, um mich bewusst zu manipulieren, oder ob er selbst davon überzeugt war. Generell geht es mir um keine Verurteilung. Letztlich spielte seine wahre Motivation auch keine Rolle; Fakt ist, seine Worte erzielten ihre Wirkung bei mir und ich fing an, ihnen zu glauben und danach zu handeln.

Es tat mir unglaublich weh, weil ich wusste, wie goldwert es war, mit jemandem im Studio zusammenarbeiten zu dürfen, dem man blind vertraut und der Musikbusiness voll versteht. Im Studio werden die Ideen geboren und umgesetzt. Manchmal verbringt man Tage und Nächte im Studio und es kommt nichts Brauchbares dabei raus. Dann wiederum gibt es Tage, an denen entsteht ein Song nach dem anderen. Und all das spielt sich auf ein paar wenigen Quadratmetern ab, in denen man viele, viele Stunden gemeinsam verbringt. So ist es nur sinnvoll, dass man sich gut versteht.

Ich habe diese Studiozeiten immer sehr genossen. Mein Leben bestand aus der Musik, die wir dort produzierten. Sie war – und ist – meine große Leidenschaft. Doch ich konnte nachvollziehen, dass es für Luc, der diese Studiowelt nicht kannte, schwer war, damit umzugehen. Außerdem fragte ich mich, ob Luc vielleicht recht hatte und diese Verbindung wirklich unserem gemeinsamen Durchbruch im Weg stand.

Und so beendete ich irgendwann tatsächlich diese wichtige Zusammenarbeit nach über zehn gemeinsamen Jahren – wenn auch unter vielen Tränen. Daniel versuchte mit aller Kraft, mir die Augen zu öffnen. Doch ich konnte die Wahrheit nicht sehen, ich war blind vor Liebe. Er versuchte mir zu erklären, dass Liebe nicht nimmt, sondern gibt und dass es ein gefährlicher Start für uns wäre, wenn ich meine Musik, meinen Auftrag hier auf Erden, aufgeben würde, nur um Luc keinen Grund zur Eifersucht zu geben. Doch ich wollte das alles nicht hören. Ich glaubte fest daran, dass sich eine neue Tür für mich öffnen würde.

Stattdessen erwartete Luc, dass ich eine weitere „Tür" für ihn schließe: Auch meine Arbeit als Lobpreisleiterin in meiner Gemeinde sollte ich kündigen. Denn auch dort arbeitete ich mit Daniel zusammen. Jetzt wurde es heikel. Ich hatte schon einmal mit einem Manager gearbeitet, der unbedingt wollte, dass ich meinen Job kündige, weil ich diese Zeit angeblich brauchen würde, um „berühmt" zu werden. Doch die Realität sieht so aus, dass Rechnungen bezahlt werden müssen und sich mein Dach über dem Kopf nicht von allein finanziert. Damals war ich diesem Rat Gott sei Dank nicht gefolgt und dieser Manager war schneller wieder weg, als ich einen neuen Job hätte finden können. Auch dieses Mal war mir nicht wohl bei dem Gedanken, meinen Job als Lobpreisleiterin zu kündigen. Punkt 1: Ich liebte meinen Job! Punkt 2: Es fühlte sich einfach nicht richtig an, aus diesem Grund aufzuhören. Doch die Entscheidung, meinen Job zu behalten, wurde sehr schnell zu einer großen Belastung für unsere Beziehung.

Sonntag für Sonntag fühlte ich mich, als würde ich etwas Falsches tun, denn Luc strafte mich mit Zurückweisung oder ignorierte meine Nachrichten und Anrufe ganz. So bekam ich sonntags immer erst abends nach dem Gottesdienst einen Anruf von ihm, der sich für mich mehr nach einem Kontrollanruf anfühlte. Jedes Mal fragte er mich, ob Daniel da gewesen sei. Natürlich war er das, es war schließlich sein Job und wir hatten über die letzten Jahre gemeinsam ein sehr starkes Team aufgebaut. Ich wollte mich auch gar nicht mit Daniel streiten und er sich genauso wenig mit mir. Es war schon schmerzhaft genug für mich, dass wir kaum noch miteinander redeten.

Dieser sonntägliche „Kontrollanruf" endete jedes Mal in Tränen. Ich fühlte mich schuldig. Schuldig für nichts. Ich bin zwar schon immer eine starke Frau gewesen, aber auch eine sehr emotionale und sensible. Wenn ich das Gefühl habe, jemandem wehzutun, dann leide ich darunter mindestens genauso viel wie die Person, die ich glaube verletzt zu haben.

Jeden Sonntag fiel ich deshalb schluchzend ins Bett. *Jeden* Sonntag, über Monate hinweg. Bei jedem Wort, das ich mit Daniel austauschte, hatte ich das Gefühl, mich zu versündigen. Und wenn mich Luc abends fragte, ob ich mit Daniel gesprochen hatte, wusste ich, dass meine Bejahung ihn verrückt machen würde.

....

Hier möchte ich einen kurzen Schnitt machen und dir etwas erklären. Ich hätte in diesem Moment eigentlich schon klar erkennen können, was los ist. So verhält sich kein Mann, der einen aufrichtig liebt und der nur das Beste für einen will. Doch das konnte ich nicht sehen. Wieso? Weil ich es nicht sehen *wollte* – weil ich blind vor Liebe war; vor allem aber, weil ich durch meine rosarote Brille völlig aus den Augen verloren hatte, was eigentlich mein Auftrag auf dieser Welt war – und wer ich war. Ja, ich lebte zu diesem Zeitpunkt schon viele Jahre zuvor in meinem Auftrag und trotzdem war er mir damals offensichtlich immer noch nicht wirklich bewusst. *Manchmal ist man so versunken in seine Routine, dass man nicht realisiert, dass das, was man jetzt gerade tut, sein Auftrag ist!* Wir warten auf den großen Knall oder den großen Durchbruch, dabei erkennen wir nicht, dass wir manchmal schon genau dem Ort sind, an dem Gott uns haben möchte!

> „Der Mensch hält sein Handeln für richtig,
> aber Gott prüft die Motive." *(Sprüche 16,2)*

Die Entscheidung, mich von meinem Produzenten zu trennen, war eine Entscheidung, die von Angst motiviert war. Ich fürchtete, meinen Traummann zu verlieren. Der Grund, warum Luc mich zu dieser Entscheidung drängte, war Eifersucht beziehungsweise ebenfalls Verlustangst, denn diese steckt hinter jeder Eifersucht. Unsere Motive waren falsch.

Wie angekündigt, werde ich in diesem Buch immer wieder mit Bibelversen arbeiten, weil sie dir rechtzeitig die Augen für Gottes Wahrheiten über dich und dein Handeln öffnen sollen. Wenn du an solche Punkte in deinem Leben gelangst, wünsche ich dir, dass du die Situation mehr hinterfragst als ich damals. Ich wünsche dir, dass du zuerst zur Bibel greifst, bevor du blind in dein Unglück rennst und später vielleicht Jahre brauchst, um wieder aus deinem Schmerz herauszukommen. Es geht weder um Beschuldigungen noch um einen Sündenbock. *Es geht darum, dass wir alle selbst die Möglichkeit haben, frei Entscheidungen für unser Leben zu treffen – und das müssen wir auch!* Zum Schutz für uns selbst. Zum Schutz der anderen betroffenen Person(en). Es geht darum, stark genug zu werden, um solche Entscheidungen zu treffen. Stärker denn je.

Trotz all der Wunder, die ich durch meine Arbeit schon erlebt hatte, trotz all der E-Mails von jungen Frauen, die mir geschrieben hatten, dass meine Musik und meine Bücher ihnen das Leben gerettet hätten, glaubte ich plötzlich wirklich, dass es vielleicht doch nicht mein Auftrag sei. Außerdem fing Luc an, mich darauf hinzuweisen, dass meine Songs und mein Auftreten in den sozialen Medien nicht gut, nicht professionell genug seien. Erst machte er das nur unterschwellig ab und zu, dann immer deutlicher und immer häufiger. Ich wusste schon, dass er meine Bilder nicht so toll fand, und hatte mich damit abgefunden, dass er sie – wenn überhaupt – nur sehr selten kommentierte. Dabei hätte mich ein kurzes „Schatz, ich bin stolz auf dich" doch so glücklich gemacht. Auch seine „Gefällt mir"-Angaben verteilte er nur sehr spärlich. Es hätte mir nichts ausgemacht, wenn ich gewusst hätte, dass er einfach nicht so online affin ist, doch aufgrund seiner Bemerkungen über meinen Onlineauftritt wusste ich, dass er sie bewusst nicht likte. Und das tat weh.

Ich fühlte mich ungenügend und zweifelte plötzlich an allem. Nicht nur an meiner Arbeit. Auch an mir selbst. An allem, was ich die letzten Jahre gemacht und erreicht hatte. An meiner Qualität als Sängerin – und als Mensch. An meinem Aussehen. An meinen Freunden. An meiner Familie. Einfach an allem. Ich wusste nicht mehr, wer ich wirklich war. Ich, die Frau, die immer lächelt. Die Frau, die von Gott so reich beschenkt wurde. Die Frau, die Heilung erlebt hatte. Die Frau, die seit Jahren von einem *wunder*vollen Gott erzählte!

Ich zweifelte plötzlich sogar die Qualität meiner Zusammenarbeit mit Daniel an, obwohl ich immer begeistert von ihr gewesen war. Wie konnte das passieren? Ganz einfach: Weil ich durch diese Beziehung auf einmal zutiefst verunsichert war. Ich bewertete die Dinge in meinem Leben nicht mehr nach meinen eigenen Maßstäben, sondern betrachtete sie durch Lucs Augen. *Ihm* wollte ich gefallen und ich hoffte, auf diese Art besser vor ihm dastehen zu können. Indem ich nun selbst die Zusammenarbeit mit Daniel anzweifelte, konnte ich mir außerdem einreden, das Richtige getan zu haben.

> „Sag einfach ‚Ja' oder ‚Nein'. Alle anderen Beteuerungen zeigen nur, dass du dich vom Bösen bestimmen lässt."
> *(Matthäus 5,37)*

Die Bibel bringt es auf den Punkt. Ich hätte dazu stehen sollen, dass ich Daniels Arbeit großartig fand, und hätte mich nicht von der Meinung eines anderen beeinflussen lassen dürfen. Merkst du auch, wie dir das im Alltag manchmal passiert? Wir verbiegen uns, um zu gefallen und um keinen zu enttäuschen. Bei mir gab es damals ein Ja *und* ein Nein in meinen Aussagen – je nachdem, mit wem ich gerade sprach. Hätte ich allein diesen Vers beachtet und wäre meinem Ja treu geblieben, hätte ich mir viel Leid ersparen können. Es ist verrückt, welche Konsequenzen eine kleine Entscheidung oder ein einfaches Wort für unser Leben haben können. Deswegen ist es so wichtig, dass wir wirklich *wach* durch den Tag gehen.

> „Ihr alle lebt im Licht; ihr gehört zum hellen Tag und nicht zur Nacht mit ihrer Finsternis. Darum lasst uns nicht schlafen wie die anderen! Wir wollen hellwach und nüchtern bleiben!" *(1. Thessalonicher 5–6)*

Verstehe mich bitte nicht falsch. Ich schiebe das, was passiert ist, allein mir in die Schuhe. Ich hatte meinen Auftrag aus den Augen verloren und vergessen, was ich wert war. Viel zu schnell hatte ich mich von außen verunsichern lassen und zweifelte nun an allem. Besonders an meiner musikalischen Karriere. Das ist für Außenstehende vielleicht schwer nachvollziehbar, weil ich zu diesem Zeitpunkt schließlich schon viel mit meiner Musik erreicht hatte – zumindest in meiner Welt. Für einen Mann, der nur in Superlativen und wirtschaftlichen Erfolgen dachte, war es sehr wenig.

Während er anfangs voll hinter mir und meiner Musik stand, hatte ich jetzt das Gefühl, er würde meine Arbeit nur noch belächeln. Und natürlich gibt es Sängerinnen, die wesentlich mehr mit ihrer Musik verdienen als ich und in dieser Hinsicht „erfolgreicher" sind, doch darum ging es mir ja gar nicht. Ich wollte mit meiner Musik und mit meinen eigenen Erfahrungen Frauen ermutigen und neue Hoffnung schenken. Das war mein eigentlicher Auftrag. Hätte ich diesen wirklich, wirklich in meinem Herzen verankert gehabt, hätte mich nichts mehr aus der Bahn werfen können.

> „Der Dieb kommt um zu stehlen, zu schlachten und zu vernichten. Ich aber bringe Leben – und dies im Überfluss."
> *(Johannes 10,10)*

Der Teufel, der „Dieb", kämpft niemals fair. Er wird immer weitermachen, bis er dich am Boden liegen sieht und dich tödlich verletzt hat. Ich weiß, das klingt hart und du hast das so vielleicht noch nie gehört, doch es ist eine geistliche Realität, der wir ins Auge sehen müssen. Nur so erkennen wir, was wirklich abläuft, und können rechtzeitig eingreifen. Ich erkannte es damals nicht, weil ich schon verblendet war. Denn hätte ich wirklich verinnerlicht gehabt, was Gott für mich und mein Leben will, dann hätte der Teufel gar nicht erst zum nächsten Schlag ausholen brauchen. Er hätte gewusst: „Bei der ist nichts zu holen." Doch er wird immer genau da ansetzen, wo unsere wunden Punkte sind oder bei unserer größten unerfüllten Sehnsucht. In meinem Fall war es die Sehnsucht nach Liebe.

....

Seit ich mit Luc zusammen war, hatte sich mein Alltag drastisch verändert. Statt einen Großteil der Woche im Studio zu verbringen und an meiner Musik zu arbeiten, saß ich nun die meiste Zeit auf einem wunderschönen großen Anwesen in der Schweiz mit großem Garten, Pool und Lucs eigenem Restaurant. Es gab dort alles, was sich frau nur wünschen kann. Es klingt wie ein Traum, doch mein Herz wurde dort immer leerer. Ich hatte nicht nur die Musik verloren, sondern auch meinen besten Freund. *Und ohne es zu merken, verlor ich nach und nach auch mich selbst.* Immer mehr ließ Luc durchscheinen, dass er auch mein häufiges Touren nicht guthieß. Es sei viel zu aufwendig dafür, dass der Erlös daraus so gering war.

Ich wollte mich darauf einlassen, gemeinsam neue Wege auszuprobieren, und hoffte tatsächlich, dass es einen besseren Weg für uns geben würde. Also schwieg ich und wartete ab. Das Warten fiel mir nicht schwer, denn dieses neue Leben mit Luc hatte ja auch sehr schöne Seiten: viele Events, viele Reisen einfach aus Vergnügen und ganz ohne Arbeit, leckeres Essen und viele schöne Momente mit der Familie. Mit *seiner* Familie wohlgemerkt, denn auch meine Familie war schließlich nicht „gut genug".

Hier möchte ich noch einmal kurz einhaken, um dir etwas zu sagen, das du vielleicht auch für dein Leben gebrauchen kannst. Sicher kennst du das vierte Gebot:

> „Ehre Vater und Mutter, damit du lange lebst!"
> *(2. Mose 20,12)*

Tatsächlich ist meine Familie eher „einfach" und wenn man sie anhand einer Erfolgsskala messen würde, würde sie nicht so gut abschneiden. Wenn man jedoch die Liebe messen könnte, die in meiner Familie gelebt wird, dann würde das sämtliche Skalen sprengen!

Bei Luc wurde jedoch mit einem anderen Maß gemessen und diesen Test bestand meine Familie nicht. Er konnte nicht nachvollziehen, wie man so viel in Menschen investieren konnte, obwohl man finanziell selbst nicht auf sicheren Beinen steht. Deshalb stand ich auf Familienfesten von meiner Seite immer allein da. Immer war in seiner Welt an solchen Tagen etwas wichtiger. Auch in diesem Punkt fing ich an, Lucs Worten und Bewertungen zu glauben und an meiner Familie zu zweifeln. War ihr liebevoll aufopfernder, immaterieller Lebensstil wirklich der richtige? Allein, dass ich diese Zweifel hatte, zeigt, wie sehr mein Denken von Luc manipuliert wurde. Denn wenn man eines zweifelsohne behaupten kann, dann ist das eines: Meine Familie ist großartig!

....

Ich denke, es wird langsam deutlich, weshalb ich in diesem Buch bewusst mit vielen Bibelversen arbeite. Niemand auf der Welt wird dir mit hundertprozentiger Sicherheit sagen können, was richtig und was falsch ist in der Situation, die *du* gerade durchlebst. Doch die Schätze, die in der Bibel verborgen liegen, können dich vor sehr viel Schmerz und Unheil bewahren, wenn du sie frühzeitig liest, verinnerlichst und dann ganz praktisch auf dein Leben überträgst.

> „Mein Sohn [meine Tochter], denke immer an die Ermahnungen deines Vaters, und habe die Weisung deiner Mutter stets vor Augen; wenn du auf ihre Worte hörst, wirst du Ehre und Anerkennung erlangen."
> *(Sprüche 1, 8–9)*

Meinen Eltern fiel natürlich auf, dass ihre geliebte Tochter immer allein auftauchte. Zwar lächelte ich tapfer und verteidigte Luc jedes Mal, doch sie sahen, dass ich nicht so glücklich wirkte wie früher. Die Anrufe nach Hause wurden immer weniger. Früher rief ich oft an und erzählte: „Gestern bei meinem Auftritt ist das und das passiert …" oder ich ließ sie teilhaben an meinen neuen Ideen und Visionen. Diese Berichte fielen plötzlich komplett weg. An neuer Musik und neuen Träumen arbeitete ich schließlich nicht mehr. Das neue Album, das ich schon begonnen hatte aufzunehmen, würde nie erscheinen. Was hätte ich ihnen also erzählen sollen?

Ich erinnere mich noch ganz genau, wie ich einmal in diesem traumhaften Garten mit diesem großen Pool stand. Alles schien perfekt zu sein und materiell betrachtet mangelte es mir an nichts. Doch mein Herz blutete. Als das Telefon klingelte und ich die Nummer meiner Mutter auf dem Display sah, ging ich nicht dran. Ich hatte Angst davor, sie sagen zu hören: „Déborah, du hast dich sehr verändert." Denn damit hatte sie recht, aber das wollte ich nicht hören. Ich fühlte mich wie ein Vogel, gefangen im goldenen Käfig. Immer öfter rannte ich in diesen Garten, um dann doch einmal in Ruhe telefonieren zu können. Denn das konnte ich nicht in Lucs Anwesenheit. Ich wollte nicht, dass er mitbekommt, wie verzweifelt ich nun versuchte, allein meine Konzerte zu organisieren. Ohne Daniel war alles so viel schwieriger geworden. Er war es, der sich immer um alles Technische und Organisatorische gekümmert hatte. Jetzt musste ich einiges draufzahlen, um alles selbst anderweitig gemanagt zu bekommen. Ständig dachte ich: „Wenn ich doch bloß Daniel fragen dürfte …" Doch jetzt stand ich allein da. Ironischerweise schrieb ich in dieser Zeit einen Song mit dem Titel „Don't lose your voice" (Verliere nicht deine Stimme). Mein Verstand wusste genau, was hier geschah. Doch mein Herz wollte das nicht hören.

2. Längst gewusst und doch vergessen

Erinnere dich, was wirklich zählt

Sicher fragst du dich, wieso ich nicht einfach aus dem goldenen Käfig „ausgeflogen“ bin? Zum einen war ich immer noch sehr, sehr verliebt in Luc und zum anderen sah ich trotz unserer Schwierigkeiten so viel Potenzial in ihm und in uns, dass ich glaubte, es sei nur eine Frage der Zeit, bis wir uns aneinander angepasst hatten. Und dann würde alles gut werden.

Und es war ja nicht so, dass wir keine schönen Momente mehr miteinander hatten. Die gab es immer noch und genau diese Momente waren es auch, die mich „gefangen hielten“. Wir konnten immer noch stundenlang zusammen beten und tiefe Gespräche führen – über Gott und unsere Träume mit der Musik. So planten wir, irgendwann gemeinsam aufzutreten. Er am Klavier und ich am Gesang. Auch er hatte so viel zu erzählen! Wir wären ein starkes Team – auf der Bühne und im Leben. Davon träumte ich. Daran glaubte ich! Immer noch hatte ich seinen ersten Liebesbrief im Kopf. Es war der schönste Brief, den ich je erhalten hatte. Er schrieb mir Worte, die mich tiefer nicht hätten berühren können.

Mein Leben fühlte sich in den ersten Monaten unserer Beziehung plötzlich so viel leichter an. Kennst du das? Ich musste endlich nicht mehr allein kämpfen, war nicht tagein, tagaus damit beschäftigt, das Auto ein- und auszuladen, um von einem Auftritt vor 50

Leuten zum nächsten vor 10 000 zu reisen. Es kam eine gewisse Ruhe in mein Leben – zumindest oberflächlich. Innerlich konnte ich diese Ruhe nur am Anfang genießen. Inzwischen war es keine Ruhe mehr. Es wurde eine andere Form von Stress für mich. Ein Stress, den die Frage auslöste: „Wer bin ich eigentlich noch ohne all das?"

Luc und ich hatten uns darauf geeinigt, dass ich weniger Auftritte annehmen würde, um mehr Zeit für die Beziehung zu haben. Für eine gewisse Zeit des ersten Kennenlernens war das absolut angemessen, aber nicht für immer! Es ist wichtig, auf seine Träume aufzupassen. Lass sie dir nicht nehmen!

Einer der großen Auftritte, die ich noch angenommen hatte, stand mir nun bevor. Ich durfte vor Nic Vujicic, dem weltbekannten Motivationsredner, auftreten und freute mich sehr darauf. Sowohl meine Eltern als auch meine beste Freundin und ihr Mann waren extra angereist. Dieser Auftritt war wieder ein Moment, in dem ich Daniel vermisste, denn nun war ich auf die Techniker vor Ort angewiesen. Mit Daniel hatte ich diese Sorge nie. Wenn er dabei war, wusste ich, dass alles perfekt werden würde. Tatsächlich gab es bei diesem Auftritt schon zu Beginn meines Songs ein technisches Problem. Es war kein Weltuntergang, doch es versetzte mir einen kleinen Stich ins Herz. Vielleicht war diese Erfahrung auch ein Weckruf: „Déborah, merkst du was …?"

Das Publikum war begeistert und so ging ich mit meinen Eltern und meiner Freundin nach der Show noch an die Hotelbar, um diesen besonderen Abend und unser Wiedersehen zu feiern. Ich war so froh, dass Luc endlich meine beste Freundin kennenlernte und dass er auch meine Eltern wieder einmal traf. Doch statt sich mit meinen wichtigsten Menschen zu befassen, hing er ständig am Telefon und war den ganzen Abend abwesend. Ich versuchte mir nichts anmerken zu lassen und sogar Verständnis für ihn und sein Geschäft zu zeigen. Dabei hätte es an diesem Abend einmal um mich gehen sollen, wie mir meine beste Freundin später aufgebracht und sauer mitteilte. Sie sagte mir direkt ins Gesicht, dass ich in dieser Beziehung nicht glücklich werden würde und dass sie keinen Funken aufrichtiger Liebe für mich bei Luc sehen konnte. Doch statt ihre Worte ernst zu nehmen, wurde nun ich sauer – auf *sie*.

Auf dem Heimweg versuchte ich Luc zu erklären, weshalb es mir so wehgetan hatte, dass er den Abend über so distanziert gewesen war. Plump antwortete er: „Deutsch ist einfach keine schöne Sprache. Ich hatte einfach keine Lust, mich anzustrengen." (Wir unterhielten uns sonst auf Französisch.) Und wieder schwieg ich. Heute weiß ich, dass meine Freundin recht hatte, denn so behandelt man niemanden, den man aufrichtig liebt.

> „Ein freundliches Wort schenkt Freude am Leben, aber eine böse Zunge verletzt schwer." *(Sprüche 15,4)*

Meine Lebensfreude, für die ich immer bekannt war, verlor ich immer mehr. Ich strahlte nicht mehr, obwohl ich gerade einen erfolgreichen Auftritt hinter mir hatte. Wie auch, wenn der Mann, den man liebt, sich nicht mit einem freut? Das Einzige, was Luc freute, war, dass seine Familie aus den USA bei ihm zu Hause auf uns wartete. Es sollte das erste Kennenlernen mit diesem Teil seiner Familie werden. Ich war nervös, denn ich wusste, dass ihm seine Familie alles bedeutete – und natürlich wollte ich ihnen gefallen.

Kaum waren wir angekommen, sprang er aus dem Auto, rannte ins Haus und ließ mich zurück. Ich stand da „wie bestellt und nicht abgeholt". Ich hörte lautes Lachen aus dem Haus. So hatte ich mir das nicht vorgestellt. Eigentlich hatte ich gedacht, dass er mich an der Hand nehmen und seinen Liebsten stolz vorstellen würde. „Vielleicht würde er mich wenigstens gleich abholen?", dachte ich mir und wartete. Fünf Minuten, zehn Minuten. Doch er kam nicht wieder. Schließlich packte ich meine Koffer aus dem Auto und ging allein rein. Seine Familie war herzlich und wundervoll! Und Luc? Er war so beschäftigt mit seinen Gästen, dass er mich völlig vergessen hatte.

Wir setzten uns zum Essen an einen großen Tisch in den Garten. Offensichtlich wollte er mich nicht einmal da an seiner Seite haben, denn er nahm am anderen Tischende Platz. Der nächste Stich ins Herz. Ich hatte mich so auf diesen Abend gefreut, doch jetzt kam ich mir absolut fehl am Platz vor. Ich war so verletzt, dass ich meine Enttäuschung nicht verbergen konnte und sehr still war. Ich war mir sicher, ich würde wie eine große Zicke rüberkommen, dabei schrie mein Herz eigentlich nur nach Liebe. Ich konnte einfach nicht verstehen, wieso er mich nicht genauso glücklich seinen Liebsten vorgestellt hatte wie ich ihn meinen.

Nach dem Essen nahm er mich dann beiseite, weil ihm nicht entgangen war, dass die sonst so laute und fröhliche Déborah schweigend am Tisch saß. Er fragte mich, was los sei. Ich erklärte ihm, wie ich mich fühlte und wie es mich schmerzte zu sehen, dass er ständig seine Schwester umarmte und ihre Hand hielt, obwohl er mir immer wieder gesagt hatte, er sei nicht so der herzliche, emotionale Typ; sein abweisendes Verhalten läge nicht an mir persönlich. Komischerweise war er anfangs sehr wohl in der Lage, große Emotionen zu zeigen, wenn ich an seinen ersten Liebesbrief oder an seine Reaktionen denke, nachdem er mich zum ersten Mal auf der Bühne erlebt hatte. Auch seine wiederkehrenden Eifersuchtsausbrüche zeigten, wie emotional er werden konnte – wenn auch in eine unschöne Richtung. Ich verzweifelte daran, dass er mich offensichtlich nicht an einen anderen verlieren konnte, aber mir gleichzeitig auch nicht (mehr) das Gefühl geben konnte oder wollte, wirklich zu ihm zu gehören.

Ich fühlte mich wie das letzte Rad am Wagen. Zu sehen, wie stark er lieben konnte, tat mir weh. Denn nach der euphorischen Anfangszeit hatte ich ihn in unserer Beziehung kaum noch so erlebt.

Als ich ihm das sagte, nahm er mich in den Arm, entschuldigte sich und meinte, dass ihm das gar nicht so bewusst gewesen war. Ich war froh über diesen ehrlichen Moment zwischen uns und beschloss, mich nun zusammenzureißen. Irgendwann würde er mir diese tiefe Liebe auch (wieder) zeigen.

....

Ich tat alles, um so viel Zeit wie möglich mit ihm zu verbringen. Bei jedem noch so unwichtigen Termin von ihm war ich dabei, auch wenn es eine unglaubliche Fahrerei für mich bedeutete. In diesem Sommer fanden gleich zwei erfreuliche Ereignisse in seiner Familie statt: zwei Hochzeiten. Zwei Möglichkeiten, bei denen ich mit offenen Augen hätte erkennen können, was wirklich los war. Wäre ich damals schon „aufgewacht", hätte ich mich schützen können vor all dem Leid, das noch auf mich zukommen sollte. Die erste Hochzeit wurde eher klein gehalten und an einem Sonntag gefeiert. Sonntagstermine waren für mich immer sehr schwierig, da ich nachmittags wieder für meinen Job in der Kirche sein musste. Dennoch fuhr ich die lange Strecke vom Bodensee bis zu ihm und später über zwei Stunden wieder zu meiner Kirche – und das alles nur, damit ich wenigstens beim Mittagessen dabei sein konnte. Es fiel mir schwer, gehen zu müssen, während alle am Feiern und Lachen waren.

> „Hinter schallendem Gelächter verbirgt sich oft großer Kummer. Wenn die Freude verrauscht ist, bleibt die Trauer zurück." *(Sprüche 14,13)*

Ja, genauso fühlte ich mich. Denn Luc bemerkte es kaum, dass ich mich wieder auf den Weg machte. Er brachte mich nicht einmal ans Auto. So lief ich in der brütenden Hitze weg und ließ meinen Tränen freien Lauf. An diesem Tag hörte ich nichts mehr von ihm.

Angeblich hatte er sein Ladekabel verlegt. Als ich Luc später drauf ansprach, meinte er nur: „Du bist einfach zu sensibel und brauchst extrem viel Aufmerksamkeit. Du wirst dich wohl noch einen Tag lang selbst beschäftigen können!“ Eine verbale Ohrfeige, die saß. Ich liebte doch einfach nur und wollte zurückgeliebt werden.

Manchmal steigern wir uns so sehr in etwas hinein, weil wir es unbedingt wollen. Wie ich in diesem Moment. Ich wollte diese Beziehung unbedingt. Ich wollte, dass das zwischen uns funktioniert. Ich wollte *ihn*. Deshalb verschloss ich die Augen vor der Realität, dass mich diese Liebe nicht glücklich, sondern kaputtmachte und kämpfte weiter um sie. So sehr.

Ich versuchte, überall dabei zu sein, und in einem weiteren neuen Kleid so gut auszusehen, dass er endlich stolz auf mich sein würde. *Ich arbeitete an meinem Äußeren und verlor dabei mein Innerstes aus dem Blick.* Die sprudelnde, lebenslustige Déborah war auf einmal ruhig und in sich gekehrt und hoffte immer nur, vielleicht an diesem Tag mal von ihrem Freund beachtet zu werden oder einen Kuss zu bekommen. Dabei hätte ich erkennen müssen: Wahre Liebe lässt sich nicht „herstellen“. Entweder sie ist da oder nicht.

Die zweite standesamtliche Hochzeit fand ebenfalls bei schönstem Sonnenschein statt. Das Standesamt war in einem wundervollen, urigen Häuschen in der tiefsten Schweiz. Man musste sich aufgrund der niedrigen Türen bücken, um in das kleine Trauzimmer zu kommen. Das Paar sah wunderschön aus und wirkte verliebt und überglücklich. Und als sie sich die schönsten Worte zusprachen, explodierte dieser kleine Raum fast vor lauter Liebe. Ich suchte Lucs Blick, wollte seine Hand ergreifen und dachte die ganze Zeit an unsere eigene Hochzeit. Doch er reagierte nicht. Später saßen wir in einem herrlichen Restaurant mit Ausblick auf einen schönen Bergsee. Alle waren glücklich bis auf mein kleines Herzchen.

Irgendwann erhielt ich einen Anruf, aber traute mich nicht,

dranzugehen. Mittlerweile war ich schon so „gelähmt" in dieser Beziehung, dass ich immer Angst hatte, etwas Falsches zu tun. Schließlich hob ich doch ab. Es war RTL. Sie wollten mich am nächsten Morgen in ihrer Sendung haben! Solche Chancen muss man als Künstler immer nutzen und die „echte Déborah" hätte sofort alles möglich gemacht und wäre die Nacht durchgefahren, um für den Termin rechtzeitig in Köln zu sein. Doch jetzt traute ich mich kaum, Luc davon zu erzählen. Nachdem ich mich dazu durchgerungen hatte, sagte er nur: „Ist doch toll", doch unterstützte mich nicht, es zu organisieren. Schlussendlich sagte ich ab, denn ich hatte nicht mehr die Kraft, für irgendetwas zu kämpfen. Und das hätte mein zweiter Alarm sein sollen. Ich gab meine eigenen Träume langsam komplett auf!

Lucs Haus war in den darauffolgenden Wochen voller Menschen, was ich toll fand, denn sie waren alle so herzlich und liebevoll. Außerdem half mir der viele Kontakt mit der Familie, Luc besser kennenzulernen und zu verstehen. Mein Alltag sah inzwischen so aus, dass ich nichts mehr zu tun hatte, außer von einem privaten Anlass zum nächsten zu rennen. Das klingt toll, aber das war doch nicht ich! Ganz ehrlich, ich glaube, das macht niemanden auf Dauer glücklich. Wenn du vor dem Feiern nicht für den Erfolg gearbeitet hast, dann kann es dich gar nicht wirklich erfüllen. Und erst recht nicht, wenn du in einer Gesellschaft landest, in der du ständig nur am Essen und Trinken bist, aber trotzdem noch aussehen sollst wie ein Supermodel.

Und hier beginnt das nächste spannende Thema: mein Aussehen. Ich weiß, das ist ohnehin *mein* Thema. Seit Jahren tourte ich schließlich mit meinen Songs mit der Botschaft „You are beautiful, wonderful, powerful" und „You are loved" durch die Welt. Außer meiner Musik hatte ich dabei immer noch meine „Message", meine motivierende Botschaft, im Gepäck, in der ich erzählte, wie ich nach sieben langen Jahren der Essstörung endlich erkennen durfte, dass ich nicht abgemagert sein muss, um geliebt zu werden. Doch plötzlich wurde genau dieses Thema wieder aktuell für mich, wenn auch auf eine ganz andere Art und Weise.

....

Luc und ich waren gerade wieder einmal schön essen gewesen und beschlossen, noch in eine Bar zu gehen. Eigentlich habe ich wirklich keine Komplexe und durfte mich auch schon öfter über positive Reaktionen auf mein Äußeres freuen. Etwas, das jede Frau genießt. Ich fühlte mich wohl in meiner Haut, doch irgendwie schaffte es Luc, mir dieses gute Gefühl in Bezug auf mein Äußeres zu nehmen. Stattdessen bekam ich immer mehr ein Gefühl von: „So wie du bist, bist du nicht gut genug."

Tatsächlich hatte ich in dieser Beziehung etwas zugenommen. Kein Wunder bei dem vielen Essen! Doch welches glückliche Pärchen nimmt nicht am Anfang der Beziehung etwas zu, wenn man zusammen unbeschwert das Leben genießt? Daran ist überhaupt nichts schlimm. Für Luc anscheinend schon. Ich hätte wissen sollen, dass eine Beziehung, die auf das Äußere mehr Wert legt als auf alles andere, zum Scheitern verurteilt ist.

Als wir die Bar betraten und gerade an der Theke Platz genommen hatten, sagte Luc: „Wenn ich mit meinen Exfreundinnen in Bars gegangen bin, dann haben sich immer alle nach ihnen umgedreht. Sie waren alle groß, schlank, wunderschön und irgendwie auffallend und exotisch. Bei dir ist das ganz anders." Man hätte mir auch einfach eine fette Ohrfeige verpassen können, die hätte mich weniger verletzt! Später sagte er noch: „Versuch doch einfach, dich anders zu kleiden und zu schminken." Auch das tat mir sehr weh. Was war denn an mir so „unschön"? War mir das all die Jahre zuvor nicht aufgefallen? Ich habe früher eigentlich nur Komplimente bekommen. So viel Kritik kannte ich nicht. Selbst in meiner Jugend, in der ich eher rundlich war, wurde ich deswegen nicht von Männern kritisiert.

Doch jetzt fing ich tatsächlich an zu glauben, dass alles an mir falsch sei. Ich bestellte mir online neue Kleidung, teurere. Ich glaubte, dass es vielleicht das sei, was mir fehlen würde. Doch selbst mein neuer Look änderte nichts. Er wurde nicht einmal bemerkt. Wenn ich doch einmal hörte: „Du siehst gut aus!", fiel ich aus allen Wolken und lächelte den ganzen Tag lang. So wichtig war mir die Bestätigung von Luc, was er wiederum als unattraktiv empfand – und somit standen wir wieder am Anfang des Problems: bei mir. *Ich wusste nicht mehr, was ich wert war! Ich liebte mich selbst nicht genug, um mich zu schützen.* Verrückt, wenn das jemand wie ich, der ständig mit dieser Thematik unterwegs ist, auf einmal selbst nicht mehr erkennt.

Rückblickend habe ich gelernt, dass es zwei Stufen der gesunden Selbstliebe gibt. Die erste Stufe ist das Annehmen des Gedankens „Ich bin wertvoll und gewollt". Die zweite Stufe betrifft eine viel tiefere Ebene, was mich dieses Jahr meines Lebens auf diese extreme Art und Weise gelehrt hat. Es ist die Erkenntnis: *„Ich bin so wertvoll, dass ich mich selbst schützen muss."* Auch wenn ich meinen Nächsten noch so sehr liebe, gibt es klare Grenzen! Du kannst nicht ewig für eine Person da sein, wenn dich die Beziehung zu ihr zerstört. Wenn du ein Mensch bist, der wie ich mit einer großen Liebe für seine Mitmenschen erzogen wurde, dann ist das ein großartiges Geschenk. Doch es birgt die Gefahr, sich selbst damit zu verletzen. Dann, wenn man so sehr an den anderen glaubt und dabei nicht merkt, dass man sich selbst vergisst und irgendwann verliert.

Wie gesagt, ich schreibe dieses Buch nicht, um irgendjemanden schlecht zu machen. Hier geht es einzig und allein um mich. Um die Entscheidungen, die ich getroffen habe, und das, was ich *zugelassen* habe, weil ich mich nicht beschützt habe. Denn wenn du es nicht tust, wer wird dich sonst beschützen? *Du trägst die Verantwortung für dein Leben!* Das klingt sehr herausfordernd, ich weiß. Und es ist auch nicht immer leicht, sich selbst zu schützen. Aber das Schöne ist, wir sind mit diesem Thema nicht allein. Ich finde es unglaublich, aber Gott ist auch mit diesen Dingen vertraut. Er kennt alle unsere Kämpfe und unsere größte Depression. Und er hat niemals gesagt: „Das gibt es nicht."

> „Deine innersten Gefühle kannst du mit niemandem teilen – im tiefsten Leid und in der höchsten Freude ist jeder Mensch ganz allein!" *(Sprüche 14,10)*

Der Mensch ist allein. Doch wir können jederzeit mit Gott in Verbindung treten. Heute weiß ich, dass es möglich ist, mit den schwersten Situationen klarzukommen. *Wenn du weißt, wer du bist und wie wertvoll du in Gottes Augen bist!* Ich sage nicht, dass es leicht ist, denn es braucht immer eine starke und mutige Entscheidung. Doch mit der Bibel hast du die Lösung auf jede Herausforderung immer in Greifweite. Dann liegt es an dir, was du mit den biblischen Wahrheiten machst. Ich möchte an dieser Stelle den so bekannten Psalm 139 mit dir teilen. Und bitte überfliege ihn nicht einfach nur, weil du ihn schon kennst. Nimm dir Zeit und versuche, ganz bewusst bei der Sache zu sein.

> „Du hast mich mit meinem Innersten geschaffen,
> im Leib meiner Mutter hast du mich gebildet.
> Herr, ich danke dir dafür,
> dass du mich so wunderbar und einzigartig gemacht hast!
> Großartig ist alles, was du geschaffen hast –
> das erkenne ich!
> Schon als ich im Verborgenen Gestalt annahm,
> unsichtbar noch, kunstvoll gebildet im Leib meiner Mutter,
> da war ich dir dennoch nicht verborgen.
> Als ich gerade erst entstand,
> hast du mich schon gesehen.

Alle Tage meines Lebens hast du in dein Buch
geschrieben –
noch bevor einer von ihnen begann!
Wie überwältigend sind deine Gedanken für mich, o Gott,
es sind so unfassbar viele!" *(Psalm 139,13-17)*

Ich lese daraus: Es gibt Gott. Er ist real. Und dieser Gott hat mich erschaffen. Er hat die ganze Welt erschaffen. Die wunderschönen Blumen, all die Tiere an Land, in der Luft und im Meer, die Sonne, die Natur, alles hat er perfekt gemacht. Und dennoch wollte er *mich*. Ohne mich hätte ihm etwas gefehlt. Und ich passe für ihn ausgezeichnet in seine perfekte Schöpfung. Er hat keinen Zweifel an seiner Arbeit. Er findet sie hervorragend. *Mich* findet er hervorragend. Ja, er wollte mich genau so, wie ich bin.

Wenn ich diesen Vers schon kannte, wieso habe ich auf Lucs verletzende Kommentare nicht reagiert? Wieso habe ich meinen Mund nicht aufgemacht? Wieso bin ich nicht einfach davongelaufen? Und wieso habe ich die Warnungen nicht ernst genommen und mich vor weiteren Verletzungen geschützt? Ganz einfach: Weil ich Verse wie diese kannte und sogar auswendig zitieren konnte, aber sie lebten nicht in mir! Weißt du, was ich meine? Es ist eine Sache, wunderschöne Kärtchen mit tollen Sprüchen zu besitzen oder ermutigende Worte auf Facebook zu posten. Doch es ist etwas anderes, sich voll und ganz bewusst zu machen, was diese Verse für einen persönlich bedeuten. So wie es noch keinen Christ aus dir macht, wenn du ein Kreuzkettchen trägst. Es geht darum, die biblischen Aussagen wirklich zu verinnerlichen und mit und nach ihnen zu leben. Ich wünsche mir so sehr, dass du die Bibel in deinem Leben mehr sein lässt als einfach nur „ein paar nette Verse", die du liest. Lass sie tiefer gehen und ich sage dir: Es wird dein ganzes Leben verändern! Die Bibel ist für mich wie ein Fashion-Magazin für die innere Schönheit!

Verletzte Menschen verletzen. So hören wir es oft. Doch wir können etwas dagegen tun, um uns gar nicht erst so tief verletzen zu *lassen*. Was tust du nun, um dich selbst zu schützen? Jeder meiner Freunde, der die Umstände in dieser Beziehung im Nachhinein mitbekommen hat, war schockiert darüber, dass ich damals nichts gesagt hatte. Dass ich so viel ertragen habe und mich Nacht für Nacht in den Schlaf geweint habe. Ich, eine Frau, von der man meinen würde, dass sie schnell ihren Mund aufreißt und sich selbst verteidigen kann.

Ja, rückblickend ist das schwer nachvollziehbar für Außenstehende, doch es zeigt nur, dass wir alle nicht davor verschont bleiben und in Gefahr geraten, wenn wir uns nicht konstant daran erinnern, wer wir sind und wie wertvoll wir sind. *Wenn du auch nur ein bisschen an dem zweifelst, was Gott über dich sagt, wirst du unglaublich angreifbar und verletzbar!* Das klingt sehr dramatisch, aber ich muss es dir so deutlich sagen, weil es schlicht und ergreifend wahr ist. Eine gefestigte Frau ist nicht nur wunderschön von innen heraus, weil sie diese Stärke auch ausstrahlt; sie ist vor allem sicher vor Menschen, die aufgrund ihres eigenen Schmerzes andere verletzen. Weil sie die Situation durchschaut. Wir müssen wirklich wach bleiben, um solche gefährlichen Situationen frühzeitig zu erkennen.

Meine Familie und Freunde hatten gar nicht wirklich die Möglichkeit zu sehen, was sich zwischen mir und Luc abspielte, denn sie sahen mich ja kaum noch. Und wenn sie mich doch wieder einmal zu Gesicht bekamen, dann setzte ich mein perfektes Lächeln auf, das sie zumindest eine Zeit lang täuschen konnte.

Würde ich so eine Situation bei jemand anderem mitbekommen, würde ich sagen: „Bist du eigentlich wahnsinnig? Beende das! Sofort!“ Doch wenn man selbst in der Situation steckt, dann reagiert man ganz anders. Warum das so ist? Ich sage es dir: Weil wir Frauen sind. Wir lieben, hoffen und glauben bis zum Umfallen. Und das ist eine tolle Fähigkeit – wenn wir die Grenze kennen. Und diese Grenze lautet: Wenn in einer Beziehung dein Wert nicht erkannt wird, wenn du nicht so geschätzt wirst, wie du bist, dann verschwende keine Zeit – und geh! Unser Selbstwert, das ist wohl das schwierigste Thema überhaupt für Frauen. Zum einen haben wir ohnehin schon mit unseren Problemzonen zu kämpfen, zum anderen sind da noch diese monatlich wiederkehrenden Stimmungsschwankungen, die wir nicht steuern können. Spätestens, wenn in dieser Zeit die Hormone verrücktspielen, können wir leicht ins Zweifeln an uns geraten – gerade angesichts all der Erwartungen und Ideale in der heutigen Zeit. Aber müssen wir das überhaupt? Müssen wir dem entsprechen, was wir in den Medien sehen? Und wen macht das eigentlich wirklich glücklich?

....

Ich muss etwas ausholen, um dir zu diesem Thema etwas aus meinem Leben zu erzahlen. Ich erinnere mich noch ganz genau an einen meiner ersten größeren Auftritte. Mit meiner Band, die damals aus meinen Brüdern bestand, waren wir für ein christliches Festival gebucht worden, auf dem auch einige richtig bekannte Bands auftraten. Es war also ein großes Ding für die junge Déborah. Ich war damals noch ziemlich pummelig, aber hatte so viele Freunde und so viel Spaß am Leben, dass ich einfach nur glücklich war. Doch an dem Tag kam ein bekannter Künstler auf mich zu, als ich vor der Halle auf einer Tischtennisplatte saß, und sagte: „Déborah, du musst schon schauen, wo du bleibst. Du bist zwar lustig und dich mag jeder, aber es ist nicht so, dass Männer auf pummelige Frauen stehen würden." Das war für mich so ein Schock! Damals waren gleich zwei Jungs gleichzeitig in mich verliebt gewesen und mir schmeichelte das sehr. Gerade von dem einen der beiden wusste ich: Er mochte mich dafür, wie ich war. Er war in die „echte Déborah" verliebt. In die Déborah, die über sich selbst lachen kann, die gern Kuchen isst, die Déborah, mit der man Pferde stehlen kann. Wenn ich zurückblicke, war das die Zeit, in der ich mit vollster Überzeugung hätte sagen können: „Ich weiß, dass er es ernst mit mir meint und mir treu bleiben würde!“ Dass laut der Aussage dieses Musikers Männer angeblich nicht auf „pummelige Frauen“ stehen würden, irritierte und kränkte mich dennoch sehr.

Tatsächlich wurde meine Figur bald noch einmal ein großes Thema für mich. Ich bekam schwerste Essstörungen und sie prägten mein Leben über sieben Jahre. Erst als ich mit einundzwanzig von meinem Studium aus Australien zurückkam, war ich endlich eine „gefestigte Frau“. Genau das war auch die Zeit, in der ich als „singende Flugbegleiterin“ bekannt wurde. Tatsächlich wurde ich an Bord eines Flugzeuges entdeckt, als ich für die Passagiere Gospelsongs sang. Und so schoss ich von heute auf morgen durch die Medien, bekam Angebote für Plattenverträge und Einladungen zu beliebten Events und war regelmäßig auf dem roten Teppich zu sehen. Ich war immer noch dieselbe Déborah, die damals auf der Tischtennisplatte saß, doch jetzt wurde sie gesehen – und in Verbindung mit Erfolg, Ruhm und Medienpräsenz gebracht.

Wenn man mein Facebook- oder Instagram-Profil anschaut, könnte man vielleicht denken: „Wow, was für ein tolles Leben!“ Die viele Arbeit, die dahintersteckt, und der Preis, den ich für dieses Leben zahle, sieht man auf diesen Plattformen jedoch nicht. Was man dort auch nicht mitbekommt, ist, dass ich, wie jede andere Frau auch, starke Emotionen habe, mit denen ich öfter mal zu kämpfen habe. Das wurde mir bewusst durch ein Interview für eine Zeitung. Ich war schon mehrmals bei genau dieser Redakteurin gewesen und hatte ihr immer mein halbes Leben erzählt, was man eigentlich sowieso nicht tun sollte. Doch sie hatte die Gabe, alles aus mir herauszubekommen. Tatsächlich erzählte ich ihr auch von der Beziehung, die mich zerstört hatte, und von meinem Vorhaben, dieses Buch zu schreiben. Statt Mitleid zu ernten, lachte sie daraufhin laut los. Freudestrahlend sah sie mich an und sagte: „Dass *Ihnen* so etwas passiert ist, das freut mich jetzt aber! Ich dachte immer, es würde nur unsereins treffen!" Perplex hakte ich nach. Ich wollte wissen, was sie damit meinte. „Ja, wissen Sie, das Leben von so Menschen wie Ihnen sieht immer so perfekt aus. Letztes Mal erzählten Sie mir noch, wie glücklich Sie sind. Dass es bei Ihnen auch mal schiefläuft, ist doch sehr beruhigend."

Ich kann nicht behaupten, dass das die Antwort war, auf die ich gewartet hatte. Doch sie hatte mir die Augen geöffnet. Denn ich persönlich sah mich nie als „eine von denen". Ich war und bin „eine von uns". Und ich glaube, so fühlt sich auch die schönste und perfekteste Frau, die du im Fernsehen siehst. Ich habe schon mehrere Superstars backstage „betreut", die sich vor ihrem Auftritt den Finger in den Hals gesteckt haben oder gar nicht erst auftreten wollten, weil sie sich „nicht schön" gefühlt haben. Wir alle kämpfen mit den gleichen Selbstzweifeln und Ängsten und bleiben nicht verschont vor Herzschmerzen. Es ist egal, ob du ein Superstar im Fashion-Magazin bist oder eine pummelige Déborah auf der Tischtennisplatte: Wir kennen alle die gleichen Emotionen und die Frage ist: Wie gehst du mit ihnen um? Und nochmals: Weißt du, was du wert bist?

> „Ich habe dich schon gekannt, ehe ich dich im Mutterleib bildete, und ehe du geboren wurdest, habe ich dich erwählt, um mir allein zu dienen." *(Jeremia 1,5)*

Meist lesen wir nur den ersten Teil, der auch sehr wichtig ist. Denn da steht, dass Gott dich so sehr liebt, dass er dich höchstpersönlich geschaffen hat. Er hat die Arbeit nicht an einen Engel weitergegeben, nein, du warst ihm so wichtig, dass er das selbst übernehmen wollte. Er wollte dich perfekt formen und das muss ihm definitiv gelungen sein, sonst hätte er dich nicht so auf die Welt gelassen. Jetzt liegt es an dir, das zu glauben.

Der zweite Teil des Verses „um mir allein zu dienen" ist jedoch mindestens genauso wichtig – vor allem im Zusammenhang mit der Frage: „Wieso tun wir so viel, um dem zu entsprechen, was der Zeitgeist von uns erwartet?“ Gott wollte einzig und allein, dass du *ihm* dienst. Hast du schon einmal überlegt, dass du jemand anderem als Gott dienst, wenn du versuchst, wegen eines Mannes dein Äußeres zu verändern? Oder wenn du versuchst, dich für ein Casting bei einer Modelshow auf Haut und Knochen herunterzuhungern? Letztlich beleidigst du Gott damit.

Versteh mich bitte nicht falsch, nicht alles ist böse und schlecht, was du *für* einen anderen Menschen tust. Doch alles, was du für einen Menschen gegen deinen eigenen Willen und deine eigene Überzeugung tust, muss dringend überdacht und durch Gottes Augen betrachtet werden – besonders, wenn es darum geht, sich nur dem anzupassen, was gerade „Trend“ ist.

> „Fallt nicht auf Weltanschauungen und Hirngespinste herein. All das haben sich Menschen ausgedacht; aber hinter ihren Gedanken stehen dunkle Mächte und nicht Christus. Nur in Christus ist Gott wirklich zu finden, denn in ihm lebt er in seiner ganzen Fülle.“ *(Kolosser 2,8)*

Könnte es uns klarer gesagt werden? Schon bevor es *Germany's Next Top Model* und all diese Sendungen gab, wusste Gott, dass so etwas kommen würde und dass wir, die Frauen, damit zu kämpfen haben würden. Deswegen warnte er uns mit den Worten: „Fallt nicht darauf rein …!“ Dennoch schaffen wir es, uns täglich davon berieseln zu lassen, und machen diesen Dingen und Ansichten Platz in unserem Leben. Doch wir schaffen es kaum, uns täglich auch nur ein paar Minuten mit dem Wort Gottes zu beschäftigen, in dem so viel Leben steckt – und Bewahrung, wenn wir es nur zu Herzen nehmen würden.

....

Während ich dieses Buch schrieb, hatte ich einen Auftritt, bei dem ich sehr stark spürte, dass viele von den Teenagern im Raum große Komplexe hatten. Es waren sehr viele Konfirmanden da, weil sie da sein mussten, um sich auf der Anwesenheitsliste für ihre Gottesdienstbesuche abhaken zu können. Ich spürte trotz der oberflächlich guten Stimmung eine gewisse Schwere und sehr viel Selbstzweifel bei den Teenies. Spontan veränderte ich meine Message an diesem Abend und sprach dieses Thema direkt an! Und tatsächlich, in dem Moment, in dem ich darüber sprach, was Gott über uns denkt, wie wertvoll wir für ihn sind und wie kraftvoll Gebet und die Verbindung zu ihm gegen unsere Selbstzweifel wirken kann – in dem Moment passierte etwas Großartiges. Ich spürte, wie sich in den Herzen der Jugendlichen etwas veränderte. Danach sang ich meinen Song „One prayer" und bekam Standing Ovations, was von 12–14-Jährigen eher unüblich ist. So viele von ihnen waren gefangen in Depressionen, Selbstzweifeln und dem immensen Druck, gut genug sein zu müssen.

Der Vater eines Mädchens erzählte mir, wie seine Frau ein paar Stunden vorher mit seiner Tochter noch eine neue Hose kaufen musste, weil sie in keine alte mehr hineingepasst hatte. Sie wäre so aufgelöst gewesen, dass sie überhaupt nicht mehr kommen wollte: „Wie soll mir die Kirche schon helfen können?", hätte sie gesagt. Doch dann kam sie trotzdem und hörte die Message, die genau in ihre Situation sprach und etwas in ihrem tiefsten Innern veränderte. Gott interessiert es, wie du dich fühlst! Und er wird dir begegnen, wenn du Schritte in seine Richtung unternimmst. Diese kleine Geschichte ist der Beweis.

Ich möchte noch einen Vers mit dir durchgehen, den du wahrscheinlich genauso gut auswendig kennst wie ich. Doch ganz ehrlich, den benutzen wir zwar oft zur Ermutigung für andere oder vielleicht auch für uns selbst, wenn wir gerade eine schwere Zeit durchmachen, doch glauben wir wirklich, was da steht?

„Fürchte dich nicht, denn ich bin bei dir; hab keine Angst, denn ich bin dein Gott! Ich mache dich stark, ich helfe dir, mit meiner siegreichen Hand beschütze ich dich!"
(Jesaja 41,10)

Stell dir vor, du steckst in der tiefsten Krise deines Lebens und hast absolut keinen Plan, wie es weitergehen soll. Oder stell dir meine Situation mit Luc vor. Mein erster Gedanke beim Lesen wäre: „Da hat sie sich doch selbst reingeritten. Wieso sollte Gott ihr helfen?" Leider tendieren wir tatsächlich dazu, uns in solchen Situationen von Gott zu entfernen. Ich habe schon erwähnt, dass es genauso wie es Gott gibt, auch den Teufel gibt und dass dieser alles versucht, um dir deine Lebensfreude zu rauben. Das tut er besonders gern, indem er dir ständig Schuldgefühle einredet. Doch wenn wir Gott kennen und seinem Wort glauben, hat der Teufel keine Chance. Würden wir wirklich glauben – und ich wünsche mir so sehr, dass du mit mir und diesem Buch gerade daran arbeitest –, dann wären wir unglaublich starke Frauen. Frauen, die gefährliche Situationen erkennen und dann stark genug sind, sich davon zu distanzieren, bevor sie verletzt werden. Denn egal, ob du selbst verschuldet an diesen Punkt in deinem Leben geraten bist oder ob etwas Furchtbares dich dorthin gebracht hat: Gott möchte, dass du aus dieser Situation siegreich und *stärker denn je* wieder herauskommst! Er will das Allerbeste für dich! Das ist weder eine Floskel noch etwas, das nur irgendwelchen „Auserwählten" zugesprochen wird. *Du* bist gemeint. Glaube nur!

„Denn Gott hat nur an Menschen Gefallen, die ihm fest vertrauen. Ohne Glauben ist das unmöglich. Wer nämlich zu Gott kommen will, muss darauf vertrauen, dass es ihn gibt und dass er alle belohnen wird, die ihn suchen."
(Hebräer 11,6)

3. Bin ich wirklich liebenswert?

Kenne deine wahre Identität!

In meiner Beziehung mit Luc trafen mich so viele vernichtende Worte, gleichzeitig bekam ich immer weniger Aufmerksamkeit, geschweige denn Liebe oder zumindest irgendeine Form der Anerkennung. Nur noch ganz selten blitzte etwas von unserer wunderschönen Anfangszeit auf – und das ließ mich dann wieder hoffen.

Wenn ich ansprach, was mir jetzt fehlte, hieß es nur: „Sei nicht so unsicher!" Und ich fing an zu glauben, dass tatsächlich meine Unsicherheit das Problem war. Ich möchte dieses Thema ansprechen, um dir zu zeigen, dass du damit nicht allein bist, falls du gerade ähnlich denkst und fühlst. Ich glaube, eine gewisse Form von Unsicherheit gehört einfach zur Frau. Klar, manche haben wirklich ein sehr ausgeprägtes Selbstbewusstsein, doch oft ist dieses starke Auftreten auch nur Fassade und tief drin kennen auch die toughsten Frauen das Gefühl, verunsichert zu sein. Der Griff zur Bibel hätte mir die Augen dafür geöffnet, dass nicht *ich* das Problem war, sondern dass diese Form von Schwachheit etwas ist, das in jeder Frau angelegt ist.

„Ihr Männer, nehmt Rücksicht auf eure Frauen, so wie sie das als die Schwächeren brauchen; achtet und ehrt sie."
(1. Petrus 3,7)

Während ich das schreibe, kann ich mir gut vorstellen, wie meine emanzipierten Leserinnen jetzt aufschreien. Aber lass mich erklären, wie ich das meine: Zum einen sind wir Frauen natürlich schon einmal rein körperlich die schwächeren. Das steht außer Frage, doch ich glaube, auch seelisch sind viele Frauen von Natur aus „schwächer“ als Männer. Damit meine ich nicht, dass sie nicht genauso starke Persönlichkeiten haben können, sondern vielmehr, dass sie einfach feinfühliger, sensibler sind – und das macht sie schneller unsicher und damit auch verletzlich. Die weibliche Seele ist etwas sehr Wertvolles und muss deshalb besonders beschützt werden. Gerade von den Männern.

Wenn ich diesen Vers lese, denke ich deshalb: „Wow, so einen Mann will ich!“ Vielleicht geht es dir genauso? Ich finde es jedenfalls schön, bei einem Mann die Schwächere sein zu dürfen und zu wissen, dass er gut auf meinen Körper und meine Seele aufpasst. Wenn du dich also manchmal schwach beziehungsweise „zu sensibel“ oder unsicher fühlst, ist an dir nichts abnormal oder falsch. Du musst nur lernen, deine *spezifischen* Schwächen zu erkennen, um an ihnen arbeiten zu können. So kannst du rechtzeitig reagieren, wenn du merkst, dass dich deine Unsicherheit zu Dingen verleitet, die nicht Gottes gutem Willen für dich entsprechen. Wieso du diese Dinge nicht tun solltest? Ganz einfach: *Weil du es ihm wert bist. Er ist dein Schöpfer, dem es das Herz bricht, wenn du deinen Wert nicht erkennst und dich ausnutzen und verletzen lässt so wie ich damals.*

Du siehst, viel von der alten Déborah war zu diesem Zeitpunkt in unserer Beziehung nicht mehr übrig. Dafür war da sehr viel Schmerz. In allem versuchte ich es Luc irgendwie recht zu machen und merkte dabei nicht, dass das ohnehin nie möglich gewesen wäre. Denn trotz scheinbar gleicher Träume wollten wir etwas komplett anderes vom Leben und hatten komplett unterschiedliche Visionen. Das wurde mir jedoch erst später richtig bewusst.

> „Der Herr sprach zu mir: Was ich dir in dieser Vision sage, das schreibe in deutlicher Schrift auf Tafeln nieder! Jeder, der vorübergeht, soll es lesen können.
> Denn was ich dir jetzt offenbare, wird nicht sofort eintreffen, sondern erst zur festgesetzten Zeit. Aber es wird sich ganz bestimmt erfüllen, darauf kannst du dich verlassen. Warte geduldig, selbst wenn es noch eine Weile dauert!" *(Habakuk 2,2–3)*

Meist schreibe ich neue Ideen gleich auf, damit ich sie immer vor Augen habe. Gerade, wenn mal Gegenwind kommen sollte und andere Menschen meine Arbeit anzweifeln.

An diesem Vers erkennen wir, dass die Erfüllung unserer Wünsche oft einfach sehr viel Zeit und Vertrauen braucht. Es tut gut, sich seine Ziele immer wieder vor Augen zu halten, doch man muss auch geduldig auf die Verwirklichung seiner Träume warten können und gleichzeitig etwas dafür tun. Möchtest du zum Beispiel Schauspielerin werden, dann schreibe diesen Traum auf und lege ihn vor Gott, das heißt, bete regelmäßig dafür. Aber bewirb dich auch bei Schauspielschulen und gehe zu allen möglichen Castings, auch wenn du anfangs vielleicht erst mal eine Absage nach der anderen bekommst. Lass dich nicht entmutigen, aber versuche es auch nicht zu erzwingen, indem du zum Beispiel auf unmoralische Angebote eingehst. Diese werden dich vielleicht kurzfristig weiterbringen, aber dich langfristig innerlich kaputt machen.

Vertraue vielmehr darauf, dass Gott dir zum richtigen Zeitpunkt schon die richtigen Türen öffnen wird, wenn er selbst es war, der dir diesen Traum ins Herz gelegt hat. Wenn du dich aufmachst und dich deinem Traum hingibst, erkennst du sehr bald, ob dieser von Gott ist oder dein eigener ist. Gott nimmt dir deine Träume nicht! Doch er hält viel größere für uns bereit als die, die wir oft für uns haben! Wenn wir Gott unser Herz und unsere Träume hinhalten und ihm geduldig vertrauen, ist das immer der beste Weg. Und für diesen Weg gibt es keine Abkürzungen. Auch mit Geld kannst du nicht die Türen schneller öffnen, die Gott für dich vorgesehen hat. Er wird sie zum richtigen Zeitpunkt öffnen und dich dann mit seiner Gunst und ungeahnten Möglichkeiten beschenken:

> „Nur der wird leben, der Gottes Willen tut und ihm vertraut. Wer sich auf seine Reichtümer verlässt, betrügt sich selbst." *(Habakuk 2,4–5)*

Was für ein starker Vers! Wenn wir das nur begreifen würden, dann könnte ich sofort mit dem Schreiben aufhören. Wie oft denken wir uns etwas wie: „Der hat das nur erreicht, weil er die Kohle hatte …!" Glaube mir, heute kann ich aus eigener Erfahrung sagen: *Hast du Gott, hast du alles.* Geld spielt dabei keine Rolle. Das wird dir meine nächste Erfahrung aus der Zeit mit Luc klarmachen.

....

Natürlich ließ es ihn nicht kalt, mich immer öfter traurig zu sehen. Mir fehlte meine Musik. Mir fehlte das Studio. Mir fehlte mein bester Freund Daniel, mit dem ich vorher ständig in Kontakt gewesen war und neue Pläne besprochen hatte. Wir hatten so viele gemeinsame Träume. Wir waren ein eingespieltes Team. Und jetzt teilte diese Träume plötzlich niemand mehr mit mir. Meine Musik war zu einem „Hobby" geworden und nicht mehr mein Auftrag, mein Lebensinhalt.

Ich erinnere mich an ein Essen mit wichtigen Geschäftspartnern, zu dem Luc mich mitgenommen hatte. Vorher wurde ich eingewiesen: „Aber bitte rede nicht so viel über dich selbst und deine Story. (Damit war meine wundervolle Heilung von der Essstörung gemeint.) Du musst nicht überall einen auf Künstlerin machen. Sei einfach du selbst." „Ja, aber genau das bin ich doch? Das macht mich doch aus!", dachte ich mir. Wobei – was war von dieser Künstlerin überhaupt noch übrig geblieben? Was ist eine Künstlerin ohne ihre Kunst? Was war mein Leben ohne meine Message?

Als mich meine Sitznachbarn an diesem Abend nach meinem aktuellen Leben fragten, musste ich kurz schlucken. So langsam fühlte ich mich nicht mehr wohl in meiner Haut und wollte nicht mehr „um den heißen Brei herumreden". So erzählte ich, wie sonst auch immer, von meiner Arbeit, aber dieses Mal nur sehr verhalten in einem leisen Ton. Schon fast hinter vorgehaltener Hand berichtete ich von jener Nacht, in der meine Eltern für mich gebetet hatten und ich daraufhin endlich den Ausweg aus meiner Magersucht fand.

Ich hoffte, Luc würde es nicht hören. Ich wusste überhaupt nicht, wer mir hier eigentlich gegenübersaß und wer die Personen neben mir waren, aber alle sahen ziemlich wichtig aus. Männer in Anzügen eben. Doch diese wichtigen und erfolgreichen Menschen wurden plötzlich ganz ruhig und nahbar, nachdem sie meine Geschichte gehört hatten. Mit Tränen in den Augen fingen sie an, mir ebenfalls ihre persönlichen Geschichten zu erzählen. Ja, Leid verbindet. Denn wir alle kennen Leid – ob wir schöne Anzüge tragen oder uns kaum die nächste Miete leisten können. Ich habe die reichsten Menschen kennengelernt, die keine Antwort für ihre magersüchtigen Kinder hatten. Ich, die einfache Déborah, habe sie. In meinem Herzen. Es ist das wertvollste Geschenk, das Gott jedem von uns anbietet. Doch dazu später mehr.

Dieser Abend wurde jedenfalls sehr wertvoll für mich. Es war ein Stückchen der „alten Déborah", das in diesem Moment zurückkehrte. Denn was mich immer schon am meisten erfüllt hatte, war nicht der Erfolg, sondern das Weitergeben der „Frohen Botschaft", die mich frei gemacht hatte. Hätte ich damals wirklich verinnerlicht gehabt, wer ich bin, nämlich eine Frau mit einem Auftrag, und welche Vision ich habe, nämlich Menschen durch meine Geschichte Hoffnung und Mut zu geben, hätte ich in dieser Situation keine Zweifel gehabt und einfach geredet – ohne zu zögern und ohne mich zu verstecken. Ich hätte sicher gewusst: Genauso bin ich und das ist gut so! Und ich hätte erkannt, dass Luc und ich nicht füreinander geschaffen waren, wenn er genau diese Seite von mir unterdrücken wollte.

Glaube mir, du kannst im schönsten Haus mit dem tollsten Pool sitzen, das beste Essen serviert bekommen und dich trotzdem unglücklich und unendlich einsam fühlen. Ich weiß es, denn ich habe es selbst erlebt. Viel wertvoller als jeder Luxus ist die Einheit in einer Beziehung. Die Einheit in der Liebe füreinander und die Einheit in der Liebe für die Mitmenschen. Und natürlich die Einheit in der Liebe für Gott. Es braucht gemeinsame Ziele, die über das Einrichten der Wohnung mit demselben Geschmack hinausgehen. Gemeinsam große Träume zu haben und gemeinsam lachen zu können, das ist so etwas Wichtiges! Früher las ich solche Ratschläge und dachte mir nur: „Echt jetzt? Lachen?“ Heute weiß ich, dass diese Unbeschwertheit etwas ist, das du mit Geld nicht kaufen kannst und das doch so viel wertvoller ist. Vor allem weiß ich heute, dass *du* viel wertvoller bist als alles Geld der Welt! Wenn du bescheiden lebst, aber geliebt wirst, lebst du viel glücklicher als in einer Luxusvilla am Meer, ohne je wahre Liebe erfahren zu haben.

Doch zurück zu meiner Geschichte. Hier stand ich also, hatte alles aufgegeben, was mir wichtig war, um einen neuen Lebensabschnitt mit diesem Mann zu beginnen, den ich trotz allem so sehr liebte. Hier solltest du schon hellhörig werden, denn das Wort „aufgegeben“ ist immer ein Alarmsignal! Ich kam mir damals jedoch wie eine romantische Heldin vor. Ja, es ist notwendig, dass man sein Leben ein Stück weit anpasst, wenn man den Rest seines Lebens mit einem

Menschen verbringen möchte. Doch wenn dieses Anpassen bedeutet, dass dein Partner von dir verlangt, deine Träume komplett aufzugeben, dann kann hier nicht mehr von einer gesunden Liebe gesprochen werden. Denn die wahre Liebe findet immer einen Weg.

> „Liebe verletzt nicht den Anstand und sucht nicht den eigenen Vorteil." *(1. Korinther 13,5)*

Ich erzähle dir eine weitere Situation, um dir deutlich zu machen, was ich damit meine. Zu meinem Job als Künstlerin gehört natürlich auch, dass ich mich auf Events und roten Teppichen blicken lasse. Das ist auch keine Strafe, sondern macht mir viel Spaß. Seit Jahren bin ich immer wieder auf eine Veranstaltung gegangen, die sich *Music meets Media* nennt. Sie ist eine Kommunikationsplattform für Akteure des Musikbusiness. Hier treffen zum Beispiel Künstler auf Vertreter von Plattenfirmen und von unterschiedlichen Medien. Diese Veranstaltung ist also immer wichtig und wertvoll für mich.

Nun stand die nächste *Music meets Media* in Berlin an und ich wollte gerade meinen Flug dorthin buchen, als ich dachte, ich frage meinen Freund erst einmal. Ich wollte Rücksicht signalisieren, aber ich war fest davon überzeugt, dass er mich unterstützen würde. Stattdessen erlebte ich einen aufbrausenden Mann, der stinksauer war, dass ich es überhaupt gewagt hatte, ihn zu fragen. Selbstverständlich würde er nicht wollen, dass ich auf solch eine Veranstaltung ginge. Es würde mir schließlich nur darum gehen, dort mit anderen Männern zu tanzen.

Und wieder einmal versuchte ich mich in seine Lage zu versetzen, sprach ruhig mit ihm und erklärte, worum es dort wirklich ging. „Du brauchst das jetzt alles nicht mehr. Wir finden andere Wege", war seine Antwort. Na ja, wäre dem so, dann wäre aus Paris Hilton eine weltberühmte Sängerin geworden. In der Musikbranche ebnet Geld eben nicht alle Wege. Gott sei Dank – muss man sagen. Ich wusste, dass es hier noch auf andere Dinge ankam. Dafür war ich schon viel zu lange in diesem Business unterwegs gewesen. Tatsächlich wagte ich es deshalb, gegen Lucs Willen zu fliegen. Ich buchte sogar extra einen Flug von einem kleinen Flughafen in seiner Nähe aus (und zahlte deshalb den doppelten Flugpreis), um so kurz wie möglich weg zu sein. Doch kaum war ich unterwegs, hörte ich nichts mehr von ihm. Ich schrieb ihm auf WhatsApp und rief ihn an, doch er ließ mich warten. Als er schließlich doch dranging, ließ er seinem Ärger über mich freien Lauf. Und das kurz bevor ich fröhlich strahlend auf dem roten Teppich vor den Kameras erscheinen sollte.

Nur zu deinem Verständnis: So ein Abend ist nicht einfach nur „Fun". Es kostet erst einmal einiges an Geld, bis man überhaupt dort ist. Du brauchst ein tolles Outfit, einen Flug, Geld für Taxi, Hotel und so weiter. Und dann wird dort nicht den ganzen Abend getanzt, sondern man versucht Kontakte für die berufliche Zusammenarbeit zu knüpfen.

Für mich war der Abend allerdings schon gelaufen, bevor er angefangen hatte. Ich war einfach nur traurig. Ein Freund, mit dem ich schon mehrmals auf dieser Veranstaltung gewesen war, sah mir das sofort an und sagte mir ehrlich und direkt genau das, was ich ohnehin schon ahnte: „Déborah, der Mann, der an deiner Seite ist, sollte dich unterstützen in deiner Musik und dir nicht durch seine rasende Eifersucht Steine in den Weg legen. Du tust so eine wertvolle Arbeit, wer das nicht erkennt, wird dir nur schaden." Ich wusste es. Doch ich wollte es nicht hören. Ich wollte blind und taub bleiben, denn ich liebte diesen Mann doch. Deswegen nochmals: Ich weiß, ich wiederhole mich, aber *es ist so wichtig, dass du weißt, wer du bist und was dein persönlicher Auftrag für dieses Leben ist.*

Und jeder von uns hat einen! Auch wenn du noch keine Ahnung hast, was konkret das bei dir sein soll, kannst du dich ab heute auf die Reise begeben, um es herauszufinden, und dann dein Leben danach auszurichten. Aber mache dir bitte keinen Druck, es ist völlig in Ordnung, wenn du zwischenzeitlich nicht weißt, was du eigentlich willst. Doch lass diese Ahnungslosigkeit keinen Dauerzustand sein. Ich bin mir sicher, dass Gott dir liebend gern zeigt, was er mit dir vorhat, wenn du ihn nach seinem Plan für dein Leben fragst. Achte auf dein Herz und deine Träume und dann lass dich Schritt für Schritt leiten und gehe durch die Türen, die er dir öffnet. Wenn du weißt, was du willst, wirst du diese Türen auch finden.

Wenn ich in meinem Leben etwas bereue, dann ist es, dass ich nicht noch früher alles in die Musik investiert habe. Und das nicht, weil ich Musik einfach liebe, sondern weil ich heute weiß, dass meine Stimme das ist, was Gott mir mitgegeben hat, um anderen zu helfen. Heute (2018) baue ich mein Leben um diese Gabe auf. Ich warte nicht darauf, dass andere mir helfen. Ich vertraue Gott. Wenn er einen Plan für dein Leben hat, dann hat er auch einen Plan für die notwendigen Finanzen, Helfer und alles andere, was du brauchst. Ich bin hundertprozentig überzeugt davon, dass jeder von uns etwas mitbekommen hat, womit er diese Welt zu einem besseren Ort machen kann. Wir müssen es nur entdecken und nutzen.

Bei dir wird es wahrscheinlich etwas komplett anderes sein als bei mir. Vielleicht liebst du ältere Menschen und kümmerst dich gern um sie? Dann setze alles daran, hingebungsvoll in diesem Bereich zu arbeiten. Liebe das, was du tust! Vielleicht träumst du schon als junges Mädchen von einer großen Familie? Dann bete heute schon für deinen zukünftigen Ehemann. Vielleicht sind deine Kinder schon außer Haus und du würdest gern etwas Neues aufbauen? Dann höre in dich hinein, was das sein könnte, und lege einfach los!

Was ist es, was dein Herz höher schlagen lässt? Finde es heraus und dann lebe es!

Ich kenne so viele Frauen jeden Alters, die ich so sehr bewundere. Die einen kümmern sich um Asylsuchende, die anderen sind wundervolle Mütter, die nächsten super erfolgreiche Unternehmerinnen und dann kenne und bewundere ich natürlich noch die, die es geschafft haben, aus ihrer Essstörung zu kommen, und die heute ebenfalls Betroffenen helfen.

Jede dieser Frauen musste sicherlich viel arbeiten und hat den einen oder anderen Rückschlag erlebt. Doch sie haben niemals aufgegeben. Und genau das ist der Schlüssel: *Gib niemals auf!*

....

Zurück zu meinem Ausflug nach Berlin. Der Abend war ein emotionales Desaster. Und als ich früh am nächsten Tag wieder in der Schweiz landete, war die Stimmung im Keller. Ich saß auf dem Parkplatz des Flughafens weinend in meinem Auto und wusste nicht mehr, wo ich hingehörte. Ich wollte nach Hause, doch ich wollte Luc nicht enttäuschen. Dabei wollte ich einfach dorthin, wo Liebe auf mich wartete – zu meiner Familie. Trotzdem entschied ich mich schließlich dafür, wieder einmal einzuknicken, und fuhr in die entgegengesetzte Richtung, zu Luc.

Ich weiß, das klingt bis jetzt alles sehr dramatisch und man könnte denken: „Die arme, arme Déborah." Ja, ich war unheimlich verliebt und wenn man liebt, macht man manchmal unvernünftige Dinge, aber trotzdem hatte ich immer die freie Wahl. Und ich entschied mich falsch. Gegen mich. Gegen meinen Auftrag. Gegen Gottes Plan für mein Leben. Und für die Angst. Die Angst, ihn zu verlieren, obwohl ich das zu diesem Zeitpunkt doch eigentlich längst hatte. Denn den charmanten und liebevollen Luc, den ich kennengelernt hatte, gab es nicht mehr. Verstehe mich nicht falsch: Wir dürfen aus Liebe auch mal verrückte Dinge tun und weiterkämpfen, wo Stolz und Verstand längst sagen würden: „Es macht keinen Sinn." Doch entscheide niemals gegen dich selbst!

„Liebe deinen Mitmenschen wie dich selbst."
(Galater 5,14)

Das bedeutet, dass du erst richtig lieben kannst, wenn du erkannt hast, wie sehr du selbst geliebt wirst, wenn du erkannt hast, wie liebens*wert* du bist. Das wiederum geht erst, wenn du wirklich, wirklich realisierst, wie wertvoll du in Gottes Augen bist. *Eigentlich sollte man sich heutzutage gar nicht mehr auf die Straße wagen, ohne seinen wahren Wert erkannt zu haben.* Denn die Gefahren lauern überall! Du wachst auf, scrollst durch Instagram, siehst die anderen schönen Mädchen und vergleichst dich automatisch. Würdest du wissen, dass du so, wie du bist, gewollt und geliebt bist – von Gott, dem Schöpfer des Himmels und der Erde, dann würde es dich nicht jucken, ob sie dünner oder „hübscher" sind. Du würdest dich sogar mit ihnen freuen können. Später willst du unterwegs vielleicht einen leckeren Kaffee mit viel Sahne bestellen, aber tust es nicht, weil man als Frau ja auf seine Figur achten muss und du sonst „dicker" als deine Instagram-Freundinnen werden könntest. Das schlechte Gewissen und die Angriffe auf deinen Selbstwert lauern überall.

„Was denken die anderen über mich?" Das ist die Frage, die uns bewusst oder unterbewusst viel zu oft beschäftigt. *Würdest du wissen, dass du so, wie du bist, gewollt bist, würde es dich nicht jucken.* Auf der Arbeit vermasselst du etwas und dein Chef ist stinksauer auf dich. Du würdest dich am liebsten verkriechen und fragst dich auch in dieser Situation wieder: „Was denken die anderen jetzt über mich? Ich bin so eine Versagerin!" Würdest du wissen, dass du, selbst wenn du versagst, unendlich geliebt und wertvoll bist, würde dich auch diese Situation nicht so sehr stressen. Du würdest dir vorstellen, wie Gott neben dir steht und sagt: „Das passiert jedem mal, nächstes Mal machst du es einfach besser." Stattdessen haben wir Frauen diese Gabe, alles noch schlimmer zu reden. Schlimmer zu denken. Weil wir Gottes Wahrheiten über uns nicht verinnerlicht haben.

Ich bleibe in meinem Buch penetrant an diesem Thema dran, weil es dich jetzt schon freisetzen kann. Ich selbst habe Jahre gebraucht, um das zu begreifen. Das muss nicht sein. Ich wünsche mir deshalb, dass du dir diese Ratschläge wirklich zu Herzen nimmst, weil nur so dein Herz geschützt wird. Deswegen bestehe ich auch so darauf. Wenn du schon morgens die Bibel aufschlägst und kurz still wirst, bevor du das Haus verlässt und diesen Gefahren begegnest, dann wird sich dein Leben von Grund auf ändern, glaube mir. Ein Umdenken findet statt, weil du schneller „schalten" wirst. Du wirst durch Instagram scrollen und denken: „Wow, die sieht ja *auch* toll aus!" Auch. Das kleine Wort, das alles verändert.

Dein Wert wird außerdem nicht mehr von deinem Aussehen abhängig sein, sondern von der Gewissheit, dass du gut bist, wie du bist, und dass du genau so gewollt bist. Sprich es gern mal bewusst und laut aus: „Ich bin gut, so wie ich bin. Ich bin gewollt. Der, dem die Welt zu Füßen liegt, hat mir den Stempel ‚wunderbar geschaffen' aufgedrückt. Ja, das bin ich!" Ich hoffe, diese Worte können dich ganz neu berühren. Vielleicht haben sie dir gerade tatsächlich die Tränen in die Augen schießen lassen. Lass es zu. Es ist wunderschön. Und wenn du endlich loslassen kannst und der Druck abfällt, weil du sehen kannst, dass du nichts tun musst, um mehr geliebt zu werden als heute, dann hast du es geschafft!

Es hat mich viel Schmerz, viele Fehler und viel kostbare Zeit gekostet, um das zu erkennen, doch heute wird mich so schnell nichts mehr aus der Bahn werfen, weil ich weiß, dass ich geliebt werde. Wenn du das jetzt schon verinnerlichst, kannst du dir viel Schmerz ersparen.

....

Ich weiß, dass ich mich durch das Schreiben dieses Buches sehr verwundbar mache. Doch als Gott in jener Nacht zu mir sprach und mir sagte, dass er mich durch all das durchgeführt hat, damit ich darüber rede, um anderen – um *dir* – zu helfen, hat er solch eine Liebe in mich gelegt, dass es sich angefühlt hat, als könne ich direkt in sein Herz blicken. Ich ahnte, wie Gott sich fühlen muss, wenn er dich leiden sieht. Und wie unfassbar wertvoll du für ihn bist. Dein Wert ist so unbeschreiblich groß, dass unsere einfachen Worte wie „du bist so wertvoll" das nicht einmal im Geringsten wiedergeben können.

Und so entschloss ich mich, dich mit auf meine persönliche Reise zu nehmen und ein Buch über etwas zu schreiben, das ich am liebsten für mich behalten hätte. Doch weil ich erkannt habe, wie sehr Gott mich, dich und uns alle liebt, fällt mir dieser Schritt nun leicht. Weil meine Geschichte seine Geschichte ist. Sein Liebesbrief an *dich*. Ich selbst wünschte, ich hätte das, was ich hier schreibe, schon ein paar Jahre früher lesen können.

Wenn du dir die Botschaft dieses Buches zu Herzen nimmst und dich intensiver mit Gottes Wahrheiten über dich befassen willst, ist das zunächst eine Entscheidung, auf die du dich einlassen musst. Es kann harte Arbeit bedeuten zu lernen, in das zu vertrauen, was du noch nicht siehst oder fühlst. Dafür kann ich dir aber sagen, dass es dich für immer verändern wird. Es wird dich stärker machen denn je!

In diesem schmerzhaften Jahr mit Luc musste ich auf die harte Tour erfahren, dass ich trotz all meiner Botschaften, die ich von der Bühne aus gepredigt hatte, offensichtlich doch noch nicht *wirklich* wusste, dass ich geliebt werde. Denn kaum hatte mal jemand heftig an meinem Fundament gerüttelt, brach alles, aber auch wirklich alles in sich zusammen. Und diesen tiefen Einblick möchte ich dir im folgenden Kapitel gewähren. „Darf ich denn so viel preisgeben?", habe ich mich immer wieder gefragt. Doch dann erinnerte ich mich immer an die Entscheidung in dieser einen Nacht: „Wenn es Frauen die Augen öffnen wird, dann möchte ich den Vorhang fallen lassen."

4. Gefühlschaos und Gedankenkarussell

Füttere deinen Glauben, nicht deine Zweifel!

Auch Luc war bewusst, dass ich nicht glücklich war. Mir fehlte so ziemlich alles aus meinem Leben, sogar meine Zeiten auf dem Laufband zu Hause, weswegen er ein neues kaufte, das ich benutzen konnte, wenn ich bei ihm war. Ich konnte mich jedoch nicht wirklich darüber freuen, denn seine Worte klangen noch nach: „Ich finde Frauen, die dick sind, nicht schön. Eine Frau, die sich gehen lässt, ist einfach unmöglich." Direkt fühlte ich mich damit angesprochen. Dieser Satz nahm mir die Freude an dem, was ich vorher so gern gemacht hatte: Sport. Denn plötzlich stand alles unter Erfolgsdruck. Auch da hätte ich auf „Pause" drücken sollen, um spätestens jetzt zu erkennen, dass hier etwas mächtig schieflief. Doch ich tat weiter alles, um von ihm gesehen und geliebt zu werden.

Sehr schmerzhaft war ein Erlebnis auf einer Veranstaltung, auf der Luc eine Rede hielt. Er war vorher sehr nervös gewesen und so war ich mehrfach den Text mit ihm durchgegangen. In dem Bereich hatte ich schließlich sehr viel mehr Erfahrung als er und freute mich, ihm helfen zu können. Ich wollte ihn einfach gewinnen sehen. Seine Rede begann und er glänzte! Bis zum letzten Satz lief alles perfekt. Ich hatte mich brav in die letzte Reihe gesetzt und gebetet, was das Zeug hielt. Ich war so unendlich stolz auf ihn. Dass er zuvor vergessen hatte, mich seinen Kollegen vorzustellen, ignorierte ich mit einem Lächeln. Kurz vor dem Ende der Veranstaltung fragte einer der Gäste: „Wer ist diese Frau eigentlich?" und zeigte auf mich. Es kostete Luc mehrere Anläufe, bis er endlich herausbrachte, dass ich seine Freundin sei.

Noch einmal: Hier geht es nicht um ihn. Es geht um mich. Und um dich. Wieso reagieren wir nicht, wenn wir so deutlich sehen, dass etwas nicht gut für uns ist? Ich glaube, das kann nur passieren, wenn wir unseren Wert noch nicht erkannt haben. Und das passiert wiederum, wenn wir dem, was in der Bibel steht, nicht genug Glauben schenken. Denn das Wort Gottes ist voll mit der Bestätigung, die wir oft bei Männern suchen! Voll! Lies dir allein diese beiden Verse durch:

> „Denn Gott hat die Menschen so sehr geliebt, dass er seinen einzigen Sohn für sie hergab. Jeder, der an ihn glaubt, wird nicht zugrunde gehen, sondern das ewige Leben haben." *(Johannes 3,16)*

Und:

> „Ich habe euch schon immer geliebt. Darum bin ich euch stets mit Güte begegnet!" *(Jeremia 31,3)*

Wie sagte Corrie ten Boom so schön: „Gib deinem Glauben Nahrung, damit dein Zweifel verhungert!" Und genau das ist es! Wir müssen uns entscheiden, ob wir unseren Glauben oder unsere Zweifel „füttern" wollen. Die Gefahr, lieber den Zweifel zu füttern, ist bei uns Frauen oft besonders groß. Denn wir sind kompliziert und wenn wir ehrlich sind, haben wir oft einen leichten Hang zum Drama – und damit zu Verhaltensweisen, die uns nicht guttun. Wir können uns wunderbar noch weiter in schmerzhafte Dinge hineinsteigern, wenn wir sowieso schon am Boden liegen. Mit „wir“ meine ich nicht irgendwelche „anderen Frauen“, sondern dich und mich. Manchmal sind wir uns selbst die größten Feinde.

Mach dir nur mal die Gedanken bewusst, die du über dich zulässt. Gerade die, die aufkommen, wenn du abends in deinem Bett liegst und dir im Halbschlaf Gedanken über deine Situation machst, die du dann in deinem Kopf noch viel schlimmer werden lässt, als sie tatsächlich ist. Ich glaube, ich muss nicht mehr schreiben; du weißt schon, was ich meine. Die allermeisten Frauen, die ich kenne, ticken so. Und es ist definitiv schwerer, in solchen Moment innerlich „Stopp“ zu schreien und Gutes zu denken oder die Bibel rauszuholen, als sich seine eigene höchst dramatische Soap auszumalen.

> „Worte haben Macht, sie können über Leben und Tod entscheiden.“ *(Sprüche 18,21)*

Damit sind auch deine Gedanken gemeint. Sie sind genauso stark wie die Worte, die du aussprichst – über dich und über andere. Du meinst, Jesus hört nur die Worte, die aus deinem Mund kommen? Weit gefehlt! Jesus kennt jeden unserer Gedanken, aber das ignorieren wir nur allzu gern.

> „Jesus durchschaute sie und fragte: ‚Warum habt ihr so böse Gedanken?‘“ *(Matthäus 9,4)*

Wenn ich darüber nachdenke, dann werde ich plötzlich ganz klein. Dann wünschte ich mir, ich hätte in vielen Situationen anders gedacht. Dabei ist es kein böser Zeigefinger, den Jesus auf uns richtet. Im Gegenteil: Dass er selbst deine Gedanken kennt, ist ein wertvoller Schutz für dich, wenn du dir dessen bewusst bist. Er möchte nämlich nicht, dass du auch nur einen einzigen schlechten Gedanken über dich selbst hast. Und er ist traurig, wenn du Böses über andere denkst. Natürlich haben wir nur bedingt Einfluss darauf, welche Gedanken uns überhaupt durch den Kopf gehen. Sie kommen und gehen. Und wenn ein paar schlechte dabei sind, würde uns Jesus dafür nie verurteilen. (Das tut er ohnehin nie, wenn wir ihn einmal in unser Leben eingeladen haben und mit ihm unterwegs sind.)

Welche Gedanken wir bekommen, können wir nicht kontrollieren, aber wir können kontrollieren, ob wir schlechte Gedanken einfach weiterziehen lassen oder ob wir sie „füttern". Lerne, wie du solche Gedanken „verhungern" lässt, und du hast einen weiteren großen Schritt in deinem Leben geschafft. Das braucht einiges an Training und du wirst dabei wahrscheinlich auch immer wieder hinfallen, aber wichtig ist nur, dass du *immer* dranbleibst!

....

Von dem Punkt, diese Sätze einfach an mir abprallen zu lassen, war ich damals aber noch meilenweit entfernt. Ich lag schon lange mit offenen Wunden am Boden – mit panischer Angst vor dem nächsten Schlag und viel zu schwach, um aufzustehen und einfach zu gehen. Und genau das machte mich in Lucs Augen umso unattraktiver. So wurden die Lügen in meinem Kopf immer lauter: „Wenn er das so sieht, dann sehen das sicher alle so. Du bist einfach nicht gut genug."

Ich habe schon erwähnt, was für eine Macht gesprochene und gedachte Worte auf unser Leben haben. Allein, dass ich das wirklich geglaubt habe, hat sich so stark auf meine Ausstrahlung ausgewirkt, dass ich tatsächlich nicht mehr die Aufmerksamkeit in der Öffentlichkeit bekam, wie ich sie vorher erlebt hatte. Daran erkennst du, wie wichtig es ist, dass du dich selbst wertschätzt, indem du Gutes über dich aussagst. Und das kann dir leider keiner abnehmen, das musst *du* tun! Aber aus eigener Erfahrung kann ich sagen: Es fällt wesentlich leichter, gut über sich selbst zu denken, wenn man nicht mit einer Person zusammen oder befreundet ist, die ständig Schlechtes über einen aussagt.

Auch wenn es im Moment selbst sehr schmerzhaft ist, ist es deshalb notwendig, sich aus manchen Verbindungen zu lösen, wenn sie uns nicht guttun. Noch etwas habe ich damals erkannt: Die Aufmerksamkeit, die ich in meinem Leben bekomme, hat nicht (nur) etwas mit meinen langen blonden Haaren zu tun, sondern vielmehr mit dem, was ich von innen heraus ausstrahle. Wie wir von anderen wahrgenommen werden, hat ganz viel damit zu tun, was ich über mich selbst denke und glaube. Egal, wie „unscheinbar" du dich heute vielleicht fühlen magst, wenn du anfängst, Gottes Gedanken über dich zu deinen eigenen Gedanken über dich zu machen, wirst du von innen strahlen, und deine Mitmenschen werden dich wahrnehmen. Ich möchte dir eine einzige Frage mitgeben: *Was würdest du ändern, wenn du wüsstest, dass Jesus jeden deiner Gedanken mithört?*

....

Kurz nach der Veranstaltung, auf der Luc mit seiner Rede geglänzt hatte und ich mich am liebsten versteckt hätte, saß ich wieder einmal deprimiert auf der großen Holztreppe in Lucs Haus und meine Gedanken kreisten um diese eine Frage: „Bin ich gut genug?" Währenddessen füllte sich das Haus mit Gästen, die sich in der Küche laut unterhielten und amüsierten. Es waren alles tolle Menschen, doch mittlerweile hatten sich Lucs verletzende Worte so tief in mein Herz gebrannt, dass ich wirklich glaubte, nicht schön genug, nicht intelligent genug oder einfach nicht passend genug zu sein, um mich unter diese tollen Menschen zu mischen. Wieso rief er mich eigentlich nie dazu, wenn Besuch kam? Wieso zeigte er nicht, dass er stolz auf mich und meine Arbeit war? Es konnte nur daran liegen, dass er sich für mich schämte. In diesen Gedanken steigerte ich mich immer mehr hinein. Ich war wieder in diese „Schlechte-Gedanken-Falle“ getappt. Und du weißt ja, wie das ist: Ein Gedanke, ein Wort kann einen ganzen Wald in Brand setzen.

> „Achte auf deine Gedanken und Gefühle,
> denn sie beeinflussen dein ganzes Leben!“ *(Sprüche 4,23)*

Am besten liest du das gleich noch einmal, denn es ist eine sehr starke Erkenntnis, die uns vor diesen Gefahren, die vor der Haustür lauern, beschützen kann. Ich weiß nicht warum, aber plötzlich ging mir in diesem Moment auf der Holztreppe ein Licht auf. Ein Schalter legte sich um: Ich wollte aufstehen, ich wollte kämpfen. Ich wollte meine Ziele und meine Träume zurückhaben. „Déborah, du kannst noch nicht aufgeben!“, sagte ich mir. Und die Bibel sagt uns das genauso:

> „Verliere nie dein Ziel aus den Augen,
> sondern gehe geradlinig darauf zu.“ *(Sprüche 4,25)*

Für einen kurzen Moment war sie wieder da, meine alte Power. Ich hatte das Gefühl, auf einmal wieder aufgeweckt worden zu sein. So griff ich nach meinem Macbook und fing an zu tippen: „Niemand darf dir etwas anderes einreden. Zweifle nie daran, dass du wundervoll bist. Jeder Makel, den der Spiegel dir zeigt, ist wunderschön. Ja, du bist mehr! Du brauchst dich nicht mehr zu verstecken! Du bist es wert.“ Entstanden ist daraus mein Song: „You're worth it!“ (Du bist es wert.) Mit dieser neuen Songidee in petto googelte ich nach einem bestimmten Produzenten, mit dem ich schon immer zusammenarbeiten wollte. Und es war verrückt: Er wohnte ausgerechnet in der gleichen Stadt in den USA, in der Lucs Schwester wohnte. Dadurch war es leicht, Luc für die Sache zu begeistern. Der Produzent meldete sich und war ebenfalls an einer Zusammenarbeit interessiert. Es sollte also nach Kalifornien gehen!

Leider wurde ich vorher krank und kam fast zwei Wochen lang nicht aus dem Bett. Eine sehr starke Grippe hatte mich erwischt. Dass mein Freund mich weder besuchen kam noch regelmäßig anrief und sich nach mir erkundigte, ließ mein Herz weiter brechen und viele Fragen aufkommen. Doch wieder einmal sah ich darüber hinweg und dachte mir: „Er wird einfach zu beschäftigt sein." Heute weiß ich, dass nichts wichtiger sein kann, als sich um den Menschen zu kümmern, den man liebt, wenn es ihm gerade schlecht geht. Wenn jemand nicht bereit ist, sich in so einer Situation zu kümmern, dann liebt er auch nicht genug und schätzt den anderen und die Beziehung nicht wirklich. Keiner trägt hierfür die Schuld, da man seine Gefühle schließlich nicht ändern kann, aber man kann die Situation ändern. *Du* kannst die Situation ändern und dich von der Person trennen, die dich offensichtlich nicht wirklich liebt. Auch hier hätte ich reagieren sollen. Doch ich war immer noch nicht so weit, die ganze Wahrheit der Gedanken Gottes über mich zu glauben. Stattdessen redete ich mir ein, dass es schon irgendwann, irgendwie besser werden würde – auch wenn ich jetzt durch diesen Schmerz gehen musste. Dass das nicht normal ist, verdrängte ich. Und immer wieder las ich zur Ermutigung:

> „Denn ich allein weiß, was ich mit euch vorhabe: Ich, der Herr, werde euch Frieden schenken und euch aus dem Leid befreien. Ich gebe euch wieder Zukunft und Hoffnung." *(Jeremia 29,11)*

Manchmal ist es so leicht, sich mit irgendwelchen Bibelversen zu „füttern" und dann zu hoffen, dass Gott endlich eingreift. Ich war überzeugt davon, dass mir Gott mit diesem Vers sagen wollte, dass er meine Beziehung ändern würde – und nicht, dass er einen anderen Plan für mich haben würde. Doch oft lesen wir auch nur das, was leicht daherkommt, und übersehen, dass manchmal auch ein

Handeln unsererseits verlangt wird. Genau in diesem Kapitel in der Bibel, nur etwas weiter hinten, heißt es zum Beispiel:

> „Wenn ihr mich sucht, werdet ihr mich finden. Ja, wenn ihr mich von ganzem Herzen sucht, will ich mich von euch finden lassen. Das verspreche ich euch. Ich werde eurer Gefangenschaft ein Ende machen." *(Jeremia 29,13–14)*

Du denkst jetzt vielleicht, dass das weit hergeholt ist mit der Gefangenschaft. Aber wenn dich etwas einengt, dir die Flügel abschneidet, dich lähmt und einfach nicht gut für dich ist, du es aber nicht selbst schaffst, dich aus dieser Situation zu befreien – egal, aus welchem Grund –, dann ist das eine Gefangenschaft. Und genauso fühlte ich mich damals. In dem Vers heißt es: „... wenn ihr mich *sucht* ...", und genau das ist meiner Meinung nach der wichtigste Teil des Verses. Es funktioniert nämlich äußerst selten, wenn wir einfach nur daliegen und hoffen, dass Gott eingreifen wird. Gott lässt sich finden, wenn du ihn suchst, und er kann dir für alles die nötige Kraft geben, aber handeln musst du. Er hätte die Trennung von Luc nicht für mich übernehmen können. Aber hätte ich ihn wirklich gesucht, hätte er mich dazu befähigt und mich innerlich aus dieser Gefangenschaft befreit.

....

Manchmal frage ich mich, wieso wir nicht eine Gewohnheit daraus machen, Gott in allem zu suchen. Kann es sein, dass wir nicht wirklich glauben, dass er eingreifen wird? Ich glaube nicht, dass es Gott Freude macht, wenn wir ihm nur so wenig zutrauen. Wenn wir ihm nicht glauben, dass er uns *wirklich* helfen möchte.

Mit Gott und dem Glauben ist es, wie wenn Kinder Fahrradfahren lernen. Das Fahrrad steht für den Glauben. Es ist etwas, das dich bewegt und in verschiedene Umgebungen in deinem Leben bringt. Zu Beginn bist du ganz aufgeregt über dieses schöne Rad und vertraust deinem Daddy, dass er dich hält, bis du irgendwann allein vorwärtskommen wirst. Und dann kommt dieser Tag tatsächlich, dein Vater lässt dich los und du fährst! Du hast das Gefühl zu fliegen! Doch schnell kommen die Zweifel auf, ob du es wirklich schon kannst, du gerätst ins Schleudern und hoffst, dass dein Vater dich auffängt, bevor du das Gleichgewicht ganz verlierst und hinfällst. Erinnerst du dich daran? Hast du je gezweifelt, ob dein Vater dich allein lassen würde? Zwar hast du ihn nicht mehr gesehen, doch er war da, stand immer hinter dir. Er hat dich wanken sehen, aber er wusste, dass du das packen würdest. Erst, als du wirklich aufgegeben hast, da hat er eingegriffen und dich aufgefangen. Denn du musstest lernen, wie man das Fallen verhindern kann, wie es sich anfühlt, wenn man schwankt, und wie man dann wieder die Kontrolle über sein Fahrrad gewinnen kann.

Manchmal bist du auch gefallen, bevor dein Papa kommen konnte, weil du schon zu weit weg warst. Hast du da hinterfragt, wieso dein Papa nicht zur Stelle war? Nein, es war für dich genug, dass er dein offenes Knie dann mit einem Pflaster versorgte und dich tröstete.

Und genau wie mit dem Fahrradfahren ist es mit dem Glauben: Du beginnst stark, bist aufgeregt, weil du etwas Neues in deinem Leben entdeckt hast. Gott ist dir so nahe und es ist das schönste Gefühl auf Erden. Doch plötzlich verändert sich dein Leben. Etwas Unvorhergesehenes geschieht. Du schreist zu Gott und er scheint nicht mehr da zu sein. Präge dir dieses Bild ein: Er steht trotzdem *immer* hinter dir. Er sieht dich *immer* und er weiß genau, wann der richtige Zeitpunkt gekommen ist, um einzugreifen. Ganz bewusst lässt er dich auch mal wanken und hinfallen, damit dein Charakter geformt und dein Vertrauen gestärkt wird. Doch genau wie dein Papa mit dem Pflaster kommt auch Gott nach jedem Sturz wieder zu dir, um dich heil zu machen und zu trösten.

„Vertraue auf den Herrn! Sei stark und mutig, vertraue auf den Herrn!" *(Psalm 27,14)*

Jeder Moment, in dem du das Gefühl hast, dass Gott zu spät kommt, ist eine Möglichkeit, um ihm dein unverzagtes Vertrauen zu beweisen. Und dieses Vertrauen wird er nicht missbrauchen. Am Ende wird alles zu unserem Besten dienen. Meine Geschichte ist der beste Beweis dafür. Gott ließ mich hinfallen, indem er diese Beziehung geschehen ließ, doch in dem ganzen Schmerz ließ er auch viel Gutes entstehen. Meine musikalische Reise in die USA zum Beispiel.

....

Gerade rechtzeitig wurde ich wieder gesund und so konnten wir tatsächlich nach Los Angeles fliegen und ich freute mich riesig. Dann war der Tag gekommen, an dem ich endlich wieder in einem Studio sein konnte! Und interessanterweise bemerkte ich allein schon beim ersten Gespräch mit dem Produzenten, dass ich wieder „ganz bei mir" war. Endlich konnte ich wieder intensiv über Musik reden. Mit einem unterschriebenen Vertrag in den Händen stand ich noch am gleichen Tag in der strahlenden Sonne Kaliforniens und war so glücklich wie lange nicht mehr!

Es war alles so schnell gegangen. Ich konnte es noch gar nicht fassen. An diesem herrlichen Nachmittag gingen wir mit Lucs Familie noch an den Strand zu einer kleinen, einzigartigen Bucht. Es war wunderschön dort und ich wollte diesen Moment unbedingt festhalten, aber ich traute mich nicht, Luc zu fragen, ob wir zusammen ein Foto machen könnten. Zu oft hatte er mich schon getadelt: „Musst du schon wieder etwas posten?" Also fragte ich seine Schwester, mit der ich mich sehr gut verstand, ob sie ein Bild von mir machen könnte. Doch sie sagte: „Aber ihr müsst ein Foto *zusammen* machen!" Jetzt konnte Luc nicht mehr Nein sagen.

Wir standen nebeneinander und wieder einmal wurde mir klar, dass etwas nicht stimmte. Ich hatte mich nicht einmal getraut, meinen eigenen Freund um ein Bild zu bitten. Ich war an einem absoluten Traumstrand, doch obwohl ich an diesem schönen Ort war und mein Partner an meiner Seite stand, war ich traurig. Trotz des Vertrages in der Tasche war keine Freude mehr in mir. Ich war einsam neben meinem eigenen Freund.

Dass mich mein Weg auf eine unglaubliche Art und Weise noch einmal an genau diesen Strand zurückführen und dort etwas Großartiges entstehen würde, konnte ich in diesem Moment noch nicht ahnen.

Wir verbrachten noch ein paar Tage bei Lucs Familie, bevor wir wieder nach Hause flogen. Ich konnte es kaum glauben, denn ich hatte mit dem Produzenten schon Pläne gemacht und sollte für meine Aufnahmen nur zwei Monate später wiederkommen. Weihnachten wollten wir ohnehin bei der Verwandtschaft in den USA verbringen, somit passte alles perfekt und bis dahin würde ich noch Zeit haben, um weitere Songs vorzubereiten.

Endlich tat sich wieder etwas Positives in meinem Leben! Ich war ganz aus dem Häuschen. Doch irgendwie war ich mit meiner Freude allein. Natürlich erzählte ich meiner Familie davon. Sie fanden es spannend, aber waren nicht ganz so euphorisch wie ich, denn meine Eltern spürten schon lange, dass die Motivation dahinter nicht die richtige war.

Der nächste Dämpfer folgte, als ich mich bei einem schönen Dinner mit Luc über die bevorstehenden Aufnahmen unterhalten wollte und er nur emotionslos sagte: „Ich freu mich für dich." Ich hatte große Pläne und gehofft, dass daraus gemeinsame Pläne werden würden. Doch Luc wirkte so unbeteiligt, als habe er mit all dem überhaupt nichts zu tun.

Während Luc am Anfang unserer Beziehung Feuer und Flamme

gewesen war, als wir uns ausmalten, zusammen Musik zu machen und Menschen von Gott zu erzählen, schien diese Leidenschaft nun komplett erkaltet. Er hatte gesehen, wie viel harte Arbeit dahintersteckte, bevor man sich „einfach mal auf die Bühne stellt", und war nicht bereit, dafür seinen entspannten, luxuriösen Lebensstil aufzugeben. Als er sah, dass sein finanzielles Investment keine sofortigen Früchte trug, verlor er zunehmend die Motivation. Ich erkannte, dass auch dieser große gemeinsame Traum nicht von Bestand war und dass es Luc eigentlich um etwas ganz anderes ging.

Als er mich zwei Monate später dann nicht einmal ins Studio begleiten wollte, verstand ich endgültig, auf was ich mich hier eingelassen hatte. Hätte ich wirklich, wirklich geglaubt, dass ich von Gott höchstpersönlich geliebt und gewollt bin (vgl. Psalm 139,13), dass er Pläne des Heils für mich hat und mir eine Zukunft schenken möchte (vgl. Jeremia 29,11), hätte ich mich nicht auf einen Mann und die Möglichkeiten, die sich durch ihn eröffnet haben (USA), verlassen, sondern auf Gott höchstpersönlich. Doch ich muss zugeben, damals fehlte mir dieses Gottvertrauen wohl noch. Außerdem war es mit Luc leicht, auf diese Art Musik aufzunehmen, weil er mir finanziell unter die Arme griff, und ich sah darin „unsere gemeinsame Sache".

Also ignorierte ich alles andere, weil ich unbedingt wieder Musik machen wollte und vor allem, weil ich unbedingt diese Beziehung wollte. Trotz allem. Denn ich liebte diesen Mann. Und wieder fiel ich auf den gefährlichen Gedanken rein: „Ich sehe Gott nicht, also ist es einfacher, dem zu vertrauen, was ich klar vor Augen habe." Dass wir so denken, ist total normal und verständlich. Ich glaube, selbst dem tiefgläubigsten Pastor auf Erden ergeht es manchmal noch so. Gott ist einfach unbegreiflich. Er ist so groß und wir so klein. Da ist es nachvollziehbar, dass wir uns manchmal nur nach dem buchstäblich Greifbaren ausstrecken. Schon damals sagte Jesus zu seinem Jünger:

„Das verstehst du jetzt noch nicht. Aber später wirst du es verstehen." *(Johannes 13,7).*

Wir werden so vieles hier auf Erden nicht verstehen und das brauchen wir auch gar nicht. Doch ich bin überzeugt davon, dass wir uns, gerade als Frauen, eines tief ins Herz eingravieren müssen: Du bist geliebt und gewollt, so wie du bist! Und nichts ist Gott wichtiger, als dass du in einer gesunden Beziehung mit ihm, dir selbst und einem liebevollen Partner bist, der dich respektiert und ehrt, so wie du bist. Gott möchte sehen, wie du aufblühst und deine Träume lebst, mögen sie noch so klein oder groß sein!

„Denn ein Menschenleben kann man nicht mit Gold aufwiegen - aller Reichtum dieser Welt wäre noch zu wenig!" *(Psalm 49,9)*

So wertvoll bist du ihm.

5. Wer mit Tränen sät …

Erfahre, wie Schmerz in Segen verwandelt werden kann

Luc und ich hatten gesagt, dass wir gemeinsam unterwegs sein würden. Dass das nicht immer gehen würde, war mir schon bewusst. Die nächste Reise musste ich tatsächlich allein antreten – und es war sehr hart für mich. Bevor es zurück in die USA gehen sollte, stand eine Reise nach Ouagadougou (Burkina Faso) an. Mein Vater war schon zehnmal dort gewesen und hatte vor Ort eine wertvolle Arbeit aufgebaut. Nur einer fand das alles nicht so toll und ließ mich das auch deutlich spüren: Luc. Ich hätte meinen Vater aber niemals hängen lassen, obwohl ich Angst hatte, dadurch meine „große Liebe" zu verlieren. Dass diese Angst nicht von ungefähr kam, erfuhr ich dann einen Tag vor unserem Abflug per WhatsApp.

All die seelischen Schmerzen, all die Versuche, diese Beziehung wieder zum Laufen zu bringen und die großen Gefühle bei ihm zu entfachen, all die Zeit, die ich in diese Beziehung investiert hatte, all die Kompromisse, die ich für Luc eingegangen war, und all die Träume, die ich für ihn loslassen musste – all das hatte nichts gebracht außer Verletzungen. Und dafür gab es einen Grund. Diesen Grund erfuhr ich am Tag meines Abflugs. Luc hatte darüber nicht mit mir sprechen wollen, weil er selbst gehofft hatte, dass dieser „Nebel" in seinem Leben noch verschwinden würde. Er schrieb mir, er habe genauso wie ich gewollt, dass das mit uns funktionieren würde, und dass er so eine tiefe Beziehung wie die mit mir vorher noch nie erlebt hatte.

Doch seine Gefühle für mich waren lange nicht so stark wie meine Liebe für ihn, die grenzenlos war. Und genau das war der Grund, weshalb es immer wieder zu Verletzungen gekommen war. Genau deswegen fühlte ich mich immer wieder zurückgewiesen und ungeliebt. Jetzt war es raus – wenn auch per WhatsApp und zu einem absolut falschen Zeitpunkt. Aber ich war froh, es endlich zu wissen. Gleichzeitig war ich völlig zerbrochen.

Luc erklärte mir, er habe lange versucht, diesen emotionalen Kampf allein zu führen, um es mir leichter zu machen. Doch was er nicht realisiert hatte, war, dass mich genau das zerstört hatte. Sein Frust über seine ungeklärte Gefühlssituation mündete in schmerzhafte Zurückweisungen. Noch einmal: Niemand kann etwas dafür, wenn die eigenen Gefühle für den Partner vielleicht doch nicht genug sind, aber die eigene Unsicherheit ist keine Entschuldigung dafür, den anderen mit Worten immer wieder zu verletzten. Wenn man jemanden nicht wirklich liebt – oder nicht weiß, ob man es tut –, dann sollte man lieber gleich mit offenen Karten spielen und den Partner nicht leiden lassen. Ich habe dieses „nicht genug" ohnehin die ganze Zeit gespürt, aber habe es nicht auf seine Gefühle, sondern auf mich selbst bezogen – und das schmerzte mich. Dabei ist es ein riesiger Unterschied: Jemand kann *nicht genug* Gefühle für dich haben und trotzdem bist du als Mensch *gut genug* – sogar mehr als das: wunderbar geschaffen und unendlich geliebt, wie ich dir immer wieder in diesem Buch zusagen möchte.

Nach Lucs Geständnis beschlossen wir, die Zeit in Afrika zu nutzen, um herauszufinden, ob wir überhaupt noch eine Zukunft hatten. Luc wollte den Kampf mit seinen Emotionen noch nicht aufgeben.

Mit dieser emotionalen Last auf den Schultern machte ich mich also mit meinem Vater auf den Weg zum Flughafen. Was hätte ich mich über eine Umarmung oder einen Kuss gefreut, bevor ich durch den Sicherheitscheck zu unserem Gate laufen würde. Doch das bekam ich von Luc nicht. Ich kämpfte ständig dagegen an, diesen Kloß im Hals loszuwerden.

Im Flugzeug setzte ich mich an meinen Fensterplatz und dachte über alles nach, was in meinem Leben gerade passierte. Es hatte sich in den letzten Monaten so vieles verändert. Eigentlich war genau das geschehen, wonach ich mich so lange gesehnt hatte: Ich hatte einen gut aussehenden, charmanten Mann gefunden, mit dem ich meinen Glauben teilen konnte. Trotzdem war ich nicht glücklich, weil er mir das Gefühl gab, nicht genug zu sein. Jetzt wusste ich, warum. Seine letzten Worte verfolgten mich: „Jetzt haben wir zumindest Klarheit. Du wirst in Afrika mit deinem Dad sein und ich allein hier. Lass uns beten, dass Gott die Zeit nutzen wird, um die Situation in die eine oder andere Richtung zu führen."

In die eine oder in die andere Richtung. Mein Herz wurde schwer. Die „andere Richtung", das wäre eine Trennung. Ich ohne ihn. Wieder allein.

Der Abflug verzögerte sich und ich überlegte, welche lieben Worte ich ihm noch schicken könnte. Es war mittlerweile schon Mittag und die erste und einzige Nachricht von ihm an diesem Tag der Abreise lautete: „Ich wünsche dir einen guten Flug!" Er hatte sie bereits um 7 Uhr morgens geschickt. Wie sehr er mir jetzt schon fehlte! Tränen strömten über meine Wangen, nachdem ich mich von meinem Vater weggedreht hatte, der so glücklich neben mir saß. Ich wollte nicht, dass er sie sah. Was war bloß geschehen?

Wir flogen ab in Richtung Afrika und ich musste mir die Frage stellen, ob ich als Single zurückkommen würde oder nicht. Hätte mir die Stewardess in diesem Moment Kaffee oder Tee über den Kopf geschüttet, ich hätte es vermutlich nicht einmal gespürt. So weggetreten und leer war ich. Ich konnte es einfach nicht glauben. Das war doch gerade nicht wirklich passiert? Ich hatte tausend Fragen in meinem Kopf, doch wenn man im Flugzeug sitzt und keinen Empfang hat, dann bleiben diese im wahrsten Sinne des Wortes im luftleeren Raum hängen. Ich konnte sie Luc nicht stellen und musste allein mit ihnen klarkommen. Innerlich schrie ich zu Gott. Er konnte mich doch jetzt nicht so hängen lassen, wo ich gerade auf dem Weg nach Afrika war und ihm dort mit Freude dienen wollte. Wie sollte ich das in diesem Zustand schaffen? Ich konnte an nichts anderes mehr denken.

Müde landeten wir in Ouagadougou und ich konnte es kaum erwarten, in mein Bett zu kommen. Wir hatten dieselbe Wohnung wie im letzten Jahr, also wusste ich, was uns bevorstehen würde: eine durchgelegene, dünne Matratze (immerhin) auf einem uralten Holzbett, über das ein Moskitonetz gespannt war, das man niemals offen lassen sollte. Alles in dieser Wohnung war alt und etwas dreckig und doch fühlte ich mich in Afrika pudelwohl. Denn die Freundlichkeit und das Lachen der Menschen dort machen einfach alles wett. Wie war das nochmals? Das Wichtigste in einer Beziehung ist es, gemeinsam lachen zu können? Ich erkannte: *Lachen ist der Schlüssel zum Herzen. Sogar zu deinem eigenen.*

Doch in dem Moment, als ich kurze Zeit später endlich in mein Bett plumpste, war ich weit entfernt von einem Lachen. Hier, in der Dunkelheit meines Zimmers, konnte ich meinen Tränen endlich freien Lauf lassen. Ich lag in meinem Bett und konnte gerade noch posten, dass wir gut angekommen waren, bevor ich schluchzend zusammenbrach. Keine Nachricht von Luc. Machte er sich keine Sorgen? War ich ihm schon so egal? Hatte er sich schon entschieden – gegen mich? Im Nebenzimmer telefonierte mein Vater glücklich mit meiner Mutter. Wieder einmal fühlte ich mich einsam. Doch diesmal nicht, weil ich allein, ohne Partner, war, sondern weil ich allein in einer Beziehung war. Irgendwann drückte mich der Schmerz in einen erschöpften Schlaf.

....

Die nächsten Tage waren wir sehr viel unterwegs, was mich gut von meinem Schmerz ablenkte. Die Tage beginnen in Afrika sehr früh, denn man nutzt die frühen Morgenstunden bewusst, um schon vor der großen Mittagshitze die meisten Dinge erledigt zu haben. Das klappt natürlich nicht immer, schließlich sprechen wir von Afrika. Bestellt man den Fahrer auf 7 Uhr, taucht er hoffentlich irgendwann gegen halb neun auf. Dann gibt es öfter mal einen platten Reifen oder Stau auf den „Straßen", die eher nach Trampelpfaden aussehen. Man muss es mit Humor nehmen, denn es ist ja alles „kein Problem". Und genau das schätze ich an den Afrikanern so: „Il n'y a pas de problème!" (Es gibt überhaupt kein Problem.) Gefühlt hört man diese Antwort zwanzigmal in der Stunde von ihnen.

Und weißt du was? Auch diese Worte haben Macht! Wir haben uns in diesem Buch bereits mit dem Vers aus Sprüche 18,21 beschäftigt und über die Macht der Worte nachgedacht. Das gilt für schlechte Worte genauso wie für gute Worte! „Il n'y a pas de problème!" Man fängt diesen Satz auf und er bleibt einem im Kopf. Immer wieder dachte ich: „Wenn diese hungernden Afrikaner das sagen können, was sind meine Probleme dann schon?"

Ein weiterer Satz, den der Afrikaner gern benutzt – vor allem auf die Frage „Wie geht's dir?" – lautet: „Par la grace de Dieu!" (Durch die Gnade Gottes.) Die Afrikaner sagen also immer: „Es geht mir gut durch die Gnade Gottes." Was eine starke Aussage! Jeder wird dir auf der Straße so antworten. Teilweise hat mich dieser Satz fast schon aufgeregt. Doch wie viel Schönheit liegt darin, wenn wir nicht unsere Probleme in den Mittelpunkt stellen und stattdessen immer wieder die Gnade und Größe Gottes proklamieren, die so viel größer ist als all unsere Sorgen?! Egal, ob diese Sorgen einen leeren Magen oder ein gebrochenes Herz betreffen.

„... richtet all eure Hoffnung auf Gottes Barmherzigkeit ..."
(1. Petrus 1,13)

Das gilt für den Armen genauso wie für den Reichen. Es ist der Schlüssel zur Freude, selbst in der Not. All das um mich herum nahm ich zwar wahr, dennoch war es schwer, die Erkenntnisse daraus auf meine Situation zu übertragen. So geht es uns ja oft. Wir denken: „Wenn die wüssten, was ich durchmache!" oder „Aber bei mir ist noch einmal etwas ganz anders." Aber Fakt ist, es gibt keine einzige Situation in unserem Leben, für die das nicht gilt. Es gibt nichts, was Gott überraschen würde oder was zu schwer für ihn wäre. Es gibt nichts, wofür er nicht schon eine Lösung eingeplant hätte. Und es gibt keinen Schmerz, den er nicht heilen kann. Ich war damals nur leider noch nicht so weit, das wirklich zu glauben. Ich versuchte es immer wieder und stand jeden Morgen mit neuem Mut auf, um den Ärmsten der Armen zu helfen. Doch abends brach ich immer wieder zusammen und weinte mich in den Schlaf.

Einmal waren wir den ganzen Tag unterwegs gewesen und kamen erst in der Dunkelheit zurück. Noch auf dem Rückweg im Auto erhielt ich eine Nachricht von einem Mädchen, das ich kaum kannte: „Wie geht es dir? Mir kamen gerade die Tränen, als ich die Fotos auf Facebook von Afrika gesehen habe! Du bist dir wahrscheinlich gar nicht bewusst, was du damit alles bewirkst!" Nein, das war es mir in diesem Moment wirklich nicht. Ich sah nur meinen Schmerz, aber versuchte einfach, meinen Dienst hier zu tun.

Es berührte mich sehr, dass sie mir diese Nachricht geschrieben hatte. Sie kam genau zur richtigen Zeit. Draußen war es stockfinster, keine Straßenlaterne gab es, nichts. Ich saß weinend auf der Rückbank, wo mich keiner sehen konnte. Da piepste mein Handy ein weiteres Mal mit einer Nachricht von ihr: „… als ich vorhin für dich gebetet habe, habe ich ein Bild gesehen! Ich habe dich in deiner schwierigen Situation gesehen, mit gebrochenem Herzen und vielen Fragen. Über dir war eine Hand aus Licht, die dich beschützt hat. Und dann habe ich das Gefühl gehabt, dass du wissen musst: Du darfst fertig sein! Du darfst weinen und Gott dein ganzes Leid klagen! Er versteht das, er möchte dir helfen, dir Heilung bringen und dich trösten. Du bist sein geliebtes Kind und er stellt seine Engel um dich herum, damit du geschützt bist!"

Jetzt liefen die Tränen nur noch mehr. Wie konnte sie all das wissen? Hatte Gott mich wirklich mitten in Afrika noch im Blick und sah mein gebrochenes Herz? Und was hatte sie gesagt? Eine Hand aus Licht sei über mir? Ich hatte nach dem Licht am Straßenrand gesucht, doch es war über mir. Ich war so überwältigt von dieser Liebe Gottes und spürte wieder ganz neu: Er war da. Mir war, als hörte ich ihn sagen: „Ich sehe dich, mein geliebtes Kind, und ich leide und weine mit dir! Und ich werde dir auch wieder aufhelfen, ich werde dein gebrochenes Herz wieder heilen." Es war unglaublich. Es war Gott. Persönlich. Hautnah – so wie wir ihn oft nur in den härtesten Zeiten unseres Lebens erleben.

Zwei Tage später freute ich mich sehr, denn trotz des straffen Zeitplans konnten wir die vierstündige Fahrt nach Bobo auf uns nehmen, um eine „Crusade", eine evangelistische Großveranstaltung des Missionswerks CFAN, *Christ for all Nations* (Jesus für alle Nationen), mitzuerleben. Wir hatten sogar ein Auto mit Klimaanlage und einen sehr erfahrenen Fahrer organisieren können. Dieser erzählte uns jetzt, dass er Moslem sei, doch er schätze Christen und die Arbeit, die wir „Missionare" in dem Land tun, sehr.

Endlich in Bobo angekommen staunten wir nicht schlecht, als wir die große Bühne sahen. Schon jetzt warteten Tausende von Menschen davor. Wir wurden direkt auf die Bühne geholt. Dort saßen einige Afrikaner und Amerikaner von der CFAN und eine einzige schwarzhaarige, wunderschöne Frau. Sie passte irgendwie so gar nicht in das Bild. Sie tanzte zwischen den still sitzenden Männern fröhlich zur Musik, strahlte mich an und ich lief ihr direkt in die Arme, obwohl wir uns noch nie gesehen hatten.

Später im Hotel kam sie in mein Zimmer und ich erzählte ihr alles. Einfach alles. Als hätte ich sie schon ewig gekannt. Sie hatte dieses Strahlen in den Augen, das mich tief berührte. Als wäre sie ein Engel. Sie gab mir weise Ratschläge und zeigte mir liebevoll, aber deutlich auf, dass meine Beziehung nicht richtig für mich sei. Anhand eines Bildes erklärte sie mir: „Déborah, weil du einen großen Auftrag hast, brauchst du jemanden, der dich darin bestätigt, unterstützt und trägt. Mit Luc ist es so, als wenn du versuchen würdest, einen Lastwagen an einem Seil hinter dir herzuziehen. Doch Gott möchte, dass du fliegst." Das Bild traf mich. Ich weinte und weinte. Dann beteten wir. Was für eine Frau! Sie war wie vom Himmel geschickt. Für mich!

Die nächste Überraschung war, dass Daniel Kolenda mich fragte, ob ich spontan bei der morgigen Veranstaltung singen wollen würde. Daniel ist ein engagierter und bekannter Prediger, den ich persönlich sehr schätze, deshalb sagte ich natürlich sofort zu. Dort aufzutreten war eine große Ehre! Doch ich fühlte mich innerlich immer noch so zerbrochen, dass ich befürchtete, keinen Ton herauszubekommen. Außerdem mussten wir eigentlich dringend zurückfahren. Mein Vater war so lieb und sagte zu mir: „Déborah, du hast hier einen Auftrag. Ich werde dich nicht aufhalten, nur weil wir wegen mir zurückfahren müssen. Wir finden eine Lösung."

Das ist Liebe. Wenn man sich selbst zurücknimmt für den, den man liebt. Ich war tief berührt. Doch am nächsten Morgen stand ich vor dem Problem, dass ich mich gar nicht danach fühlte, mich vor diese große Menschenmenge zu stellen, um für sie zu singen und sie zu ermutigen. Ich brauchte doch eigentlich selbst Ermutigung!

Und da war sie wieder, meine neue Freundin Nancy. Sie sprach so viel Ermutigendes und Gutes über mir aus, dass ich das Gefühl hatte zu schweben, als wir zum Auto liefen. Wir fuhren los, aber kamen nicht weit. Mitten auf der Hauptstraße gab unser Auto den Geist auf. „Nicht jetzt, bitte nicht jetzt!", betete ich verzweifelt. Ich wurde doch auf der Bühne erwartet und für so einen Zwischenfall war kein Platz mehr in unserem Zeitplan. Unser Fahrer sagte natürlich: „Il n'y a pas de problème!" (Es gibt kein Problem.) Nach einiger Zeit wurde er dennoch immer nervöser und genervter. Meine neue Freundin schob ihn selbstbewusst vom Fahrersitz, und ich dachte nur: „Oh nein, was passiert jetzt?" Da sagte sie wie selbstverständlich zu ihm: „Wir müssen beten." Und das sagte sie zu einem Moslem! Laut und stark betete sie, dass das Auto doch wieder anspringen solle. Es tat sich erst einmal nichts. Mein Vater und ich saßen auf der Rückbank wie zwei begossene Pudel. In einem Moment dachte ich, dass wir doch eigentlich auch diesen Glauben hätten haben müssen, im nächsten blickte ich wieder nervös auf die Uhr und dachte mir: „Das schaffen wir nie."

So sprang ich schließlich aus dem Auto, als ich ein „Tuk Tuk" (ein halb offenes, kleines Auto mit drei Rädern) vorbeifahren sah. Frauen und Hühner saßen darin, doch ein bisschen Platz gab es noch. Ich fragte: „Crusade?" Sie verstanden sofort, da jeder von dem weißen Mann gehört hatte, der in dieser Woche auf der großen Bühne predigen würde. Die Veranstaltung ist das Highlight des Jahres für die Menschen dort. Ich rief meinen Dad und meine Freundin, sie sollten doch zu mir kommen – in diesem Moment sprang das Auto tatsächlich wieder an! Wow. Erneut war ich tief beeindruckt von dieser Frau. Was für ein Glaube! Was für ein kraftvolles Gebet! Später sagte unser muslimischer Fahrer: „Also, diese Frau ist zwar sehr laut und anstrengend, aber wenn sie betet, dann passieren Dinge!" Ja, genau so war es.

Wir müssen uns darüber bewusst werden, dass wir selbst vielleicht für einen Menschen diese Person sein können, die ihm zeigt, was ein lebendiger Glaube ist – und was dieser Glaube Großartiges bewirken kann. Vielleicht bist du sogar die einzige Person mit einem lebendigen Glauben, die er jemals trifft. Ich lernte aus dieser Situation jedenfalls, dass wir mutiger glauben und beten sollten!

Obwohl das Auto nun wieder funktionierte, fand ich die Vorstellung, mit dem Tuk Tuk, zwischen afrikanischen Frauen und Hühnern sitzend, zur Bühne gefahren zu werden, viel lustiger. So stiegen wir schlussendlich tatsächlich ins Tuk Tuk und haben uns vor Lachen nicht mehr halten können.

Am Veranstaltungsort angekommen ging es direkt auf die Bühne. Es waren rund 70 000 Menschen gekommen. Noch nie in meinem Leben hatte ich vor so vielen Menschen gesungen. Auch wenn es nur ein Lied werden sollte, war ich ganz schön nervös. Ich sah noch einmal in die Augen meines Vaters und zu meiner neuen Freundin Nancy. In ihrem Blick lag ein „Du schaffst das schon!". Dann griff ich nach dem Mikrofon und ging nach vorne. Es war ein überwältigendes Gefühl zu sehen, wie diese vielen Tausend Menschen ihre Arme hoben und laut mitsangen. Diesen Moment werde ich nie vergessen!

Als ich meine Freundin plötzlich unter den vielen Afrikanern im Publikum entdeckte, war ich erst recht überwältigt. Sie war extra von der Bühne gesprungen, um mich von dort unten anfeuern zu können. Ihre Augen strahlten mich ermutigend an.

Unter tosendem Applaus verließ ich nach dem Ende des Liedes die Bühne, doch das Publikum wurde nicht leiser, bis ich noch einmal für eine Zugabe zurückkam. Hier, fernab von allem, was mir jemals Sicherheit gegeben hatte, mitten in meiner größten emotionalen Zerbrochenheit, genau hier zeigte mir Gott einmal mehr, dass er mich auf der Bühne haben wollte – gerade in dem Moment, in dem ich daran erinnert werden musste, was mein Auftrag war. Ich möchte es noch einmal mit dem Beispiel vom Fahrradfahren vergleichen:

Als ich kurz davor war, vom Fahrrad zu fallen, hat mich mein himmlischer Vater mit diesem Auftritt aufgefangen. *Gott kommt immer rechtzeitig, nie zu spät.* Wir müssen nur vertrauen – gerade dann, wenn wir blind sind und es wehtut.

Es war schon dunkel geworden, als wir unsere Koffer ins Auto luden, um die vierstündige Rückfahrt auf uns zu nehmen. Am frühen Morgen sollten wir schon wieder in Ouagadougou sein. Unser Fahrer war leicht nervös, da es selbst für Einheimische beängstigend ist, nachts über die Straßen Afrikas zu fahren. Es gibt dort schließlich weder Autobahnen noch Straßenlaternen. Dafür gibt es Räuber und Banditen, die die tiefe Dunkelheit für ihre Überfälle nutzen. Was mich zudem beunruhigte, war, dass unser Auto schon am Vortag Probleme gemacht hatte.

Wir fuhren los und ich dachte dankbar über die letzten Tage nach, als das Auto nach wenigen Kilometern tatsächlich anfing zu stottern. Innerlich schrie ich zu Gott: „Bitte nicht, bitte nicht!" Doch das Auto war liegen geblieben. Mitten im Nichts. Mein Vater und ich sahen uns an und dachten beide das Gleiche: „Gestern hatte sich Nancy ans Steuer gesetzt und lauthals losgebetet." Eigentlich sollten wir jetzt das Gleiche tun, doch es kostete uns ganz viel Überwindung. Dennoch hörte ich meinen Vater plötzlich laut beten. Und siehe da, das Auto sprang wieder an und wir konnten weiterfahren. Verrückt.

Ich war gerade dabei, friedlich auf meinem Rücksitz einzuschlafen, als das Auto erneut ruckartig anhielt. Dieses Mal tat sich gar nichts mehr. Ich sah aus dem Fenster und erkannte, dass wir in keiner guten Lage waren. Weit entfernt von jeder Zivilisation, um uns herum nur Gestrüpp und Dunkelheit. Ich reagierte schnell und verteilte unser Bargeld, die Kreditkarten und Wertgegenstände an verschiedenen Orten im Auto. Ununterbrochen betete ich – zwar nicht so laut wie mein Vater zuvor, denn dafür war ich viel zu nervös, aber immerhin. Ich hatte große Angst.

Nach über einer Stunde näherte sich endlich ein Auto. Ich freute mich genauso, wie ich mich fürchtete. Würden die Leute uns helfen oder ausrauben? Das Auto hielt an. Es war ein kleiner Bus, überfüllt mit Männern, Kindern, stillenden Müttern und viel zu viel Gepäck. Das beruhigte mich, aber sicherlich würden sie keine Zeit haben, um uns zu helfen.

Tatsächlich nahmen sie sich die Zeit und versuchten alles, doch nichts half und abschleppen konnten sie uns nicht. So standen wir wieder allein in der Dunkelheit. Ich musste dringend auf die Toilette, doch fürchtete mich viel zu sehr, das Auto zu verlassen. Ich suchte nach Ablenkung. Also holte ich mein iPhone wieder heraus und hörte Musik. Plötzlich wurde ich hellhörig. Dieses Lied kannte ich gar nicht richtig, doch der Text machte mich neugierig: „Ich weiß, du könntest einfach mit der Hand winken und dieser Herzschmerz bliebe mir erspart. Dein Plan würde sich ändern. Ich weiß, dass du mir diesen Schmerz jede Sekunde nehmen könntest. Doch selbst wenn du es nicht tust, bete ich: Hilf mir, den Heiler mehr zu wollen als die Heilung. Hilf mir, den Retter mehr zu wollen, als die Rettung. Hilf mir, den Geber mehr zu wollen als das Geben selbst. Hilf mir, dich, Jesus, mehr zu wollen als alles!"

....

Ich weiß nicht, ob du nachvollziehen kannst, wie kaputt ich war, als ich dieses Lied hörte. Nun fragte ich mich, wie es in mir aussah: Wollte ich in meiner aktuellen Situation den Retter – Jesus – mehr, als gerettet zu werden? Es war eine Frage, die mich wach rüttelte. Denn eigentlich sah ich nur noch meinen Schmerz. Ich war so leer und erschöpft, doch ich begann zu begreifen, dass das alles nicht zufällig passierte. Dass Gott seine leuchtende Hand tatsächlich über mir hielt. Heute kann ich mit vollster Überzeugung sagen: *„Nichts geschieht einfach so. Auch dein größter Schmerz nicht. Lerne* *zu vertrauen. Und lerne in jeder Situation, den Retter mehr zu wollen als die Rettung.“*

Genau dazu entschied ich mich in diesem Moment: Ich wollte lernen, diesen Jesus mehr zu wollen als alles. Sogar mehr als diese Beziehung zu Luc. Und das war mein Gebet in jener Nacht, in diesem kaputten Auto. Irgendwo im Nirgendwo. Weißt du, wie sehr es Gott ehrt und freut, wenn wir uns an dem Punkt, an dem wir nicht mehr weiterwissen, ganz neu für ihn entscheiden? Auch wenn wir nichts verstehen, auch wenn es gerade richtig, richtig wehtut? Es ist der größte Liebes- und Vertrauensbeweis! Ich gab ihm in dieser Nacht mein Herz, mein zerbrochenes. Und ich wünschte mir ihn, den Heiler, mehr als alles andere.

Wenn ich zurückblicke, frage ich mich, ob Gott dieses Auto hatte stehen bleiben lassen, um mich genau an diesen Punkt zu bringen. Wann wäre ich sonst einmal „stehen geblieben“ und hätte auf das gehört, was er mir zu sagen hatte? Ich glaube, Gott gefiel, dass ich mich für all die Menschen in Afrika eingesetzt hatte. *Doch was er viel mehr will als unser hektisches Getue und unser übergroßes Engagement, das ist unser Ohr.* Er möchte, dass wir fit, heil und entspannt durchs Leben gehen – und dazu müssen wir manchmal einfach stehen bleiben und auf seinen Rat hören. Diese Lektion hatte ich nun begriffen.

Endlich war ein weiteres Auto aus der Ferne zu erkennen. Drei nette junge Männer stiegen aus und schleppten uns ab bis in die nächste Stadt, wo das Auto repariert werden konnte. Wir kamen zwar zu spät in der Kirche in Ouagadougou an, doch gerade noch rechtzeitig, dass mein Vater auf die Bühne springen konnte, wo er zum Predigen erwartet wurde.

Nachmittags konnten wir entspannt essen gehen. Wir gönnten uns unser Lieblingslokal. Endlich ein Moment, den wir mal für uns hatten. Ich erzählte meinem Vater meine ganze Leidensgeschichte und es tat gut, sich alles einmal von der Seele zu reden. Anhand seiner weisen Antworten hätte ich eigentlich einmal mehr erkennen können, dass meine Beziehung einfach keine Chance hatte, doch ich wollte es immer noch nicht hören beziehungsweise wahrhaben. Sein Telefon klingelte und er nahm ab: „Chérie, tu me manques aussi!", hörte ich ihn sagen. Was so viel bedeutet wie: „Schatz, du fehlst mir auch!" Meine Mutter und er sind das unglaublichste Pärchen, das ich je kennengelernt habe. Und das sage ich nicht, weil sie meine Eltern sind! Sie lieben sich wirklich so sehr! Der einzige, aber wirklich einzige schwierige Punkt in der Ehe meiner Eltern war das Thema Afrika. Denn mein Vater war selbst in Deutschland mit seinem Herzen immer hier. Und obwohl wir gerade in Afrika saßen und meine Mutter genau das eben nicht immer so toll fand, hörte ich nun, wie sie ihn ermutigte.

Da fiel mir ein, wie wir vor unserer Abreise mit Luc am Tisch gesessen hatten. Er hatte sich ein bisschen mit meiner Mutter verbündet, da er nicht nachvollziehen konnte, warum ich unbedingt in Afrika Menschen helfen wollte. Er sagte an diesem Abend eiskalt: „Meinen Segen für diese Reise habt ihr nicht!" Noch so ein Satz, den ich verdrängt hatte. Und obwohl meine Mutter auch nicht begeistert war von der Reise, wäre so etwas nie über ihre Lippen gegangen. Viel zu groß war ihre Liebe und ihr Respekt für meinen Vater. Also unterstützte sie ihn dennoch. Ich war davon sehr beeindruckt und natürlich tat es auch weh, dass Luc wieder einmal so anders reagiert hatte, als ich es mir gewünscht hätte. Doch mir war damals nicht danach gewesen, weiter über sein Verhalten nachzudenken.

Auch hier in Afrika wollte ich diese Gedanken wieder schnell verdrängen. Viel lieber hörte ich meinem Vater zu und sah die Liebe für meine Mutter in seinen Augen aufflackern. Zwischendurch bestellte ich ihm zum Nachtisch einen leckeren Crêpe und sah dabei zu, wie der Kellner diesen an unserem Tisch flambierte. Was für ein schönes Bild! Doch das Feuer in den Augen meines Vaters flackerte mindestens genauso schön. Es kam von tief innen. Es war echte Liebe.

Nachdem er aufgelegt hatte, sah er mich entschuldigend an: „Es tut mir leid, dass es so lange ging, aber ich liebe diese Frau einfach so sehr! Sie ist so wundervoll!" Während er das sagte, füllten sich seine Augen mit Tränen. Ja, so eine Liebe wollte ich auch, doch ich konnte nicht glauben, dass es so eine Liebe auch für mich geben würde. Stattdessen redete ich mir ein, dass das, was ich hatte, normal sei und dass das, was meine Eltern hatten, ein absoluter Einzelfall sein musste. So sind sie, die kleinen Lügen, die sich in unser Herz einschleichen und uns davon abhalten, etwas an unserer Situation zu ändern.

> „Alles menschliche Denken nehmen wir gefangen und unterstellen es Christus, dem es gehorchen muss."
> *(2. Korinther 10,5)*

Hier wird wieder einmal ein Handeln von uns verlangt. Von allein geschieht es nicht. Und solche schlechten Gedanken oder Lügen müssen wir genau in dem Moment, wo sie aufkommen, Jesus Christus unterstellen – egal, ob wir gerade hundemüde, emotional aufgebracht oder einfach nur schwach sind. Was genau bedeutet das? Du musst versuchen, gegen dein eigenes negatives Denken zu handeln und ihm mit positivem Denken entgegenzuwirken. Bestenfalls machst du das, indem du Bibelverse auswendig lernst und sie dir in solchen Momenten immer wieder zusagst, damit sie dein Herz jederzeit an die Wahrheit über dich erinnern können. Verse wie diesen, den du wahrscheinlich ohnehin schon auswendig kennst:

> „Gott hat Pläne des Heils, nicht des Unheils für mich!
> Er will mir eine gute Zukunft schenken!" *(Jeremia 29,11).*

Um das in herausfordernden Situationen wirklich umsetzen zu können, bedarf es natürlich etwas Training. Es ist genau wie beim Sport. Wenn du dich regelmäßig bewegst, fühlst du dich wohl und fit. Sobald du die Bewegung etwas vernachlässigst, weißt du zwar, dass du theoretisch noch Sport machen könntest, fühlst dich aber zunehmend unwohl in deinem Körper und nicht mehr bereit für einen großen Lauf. Genauso müssen wir unsere „seelischen Muskeln" trainieren, wenn wir gegen unsere negativen Gedanken ankämpfen wollen. Nur so bekommen wir sie in den Griff. Darüber habe ich ja schon einmal in diesem Buch geschrieben.

....

Ich wusste, dass Gott das Beste für mich wollte, doch ich hoffte trotz allem, dass ich dieses „Beste" mit Luc bereits hatte und es nur eine Frage der Zeit sein würde, bis seine Gefühle für mich wieder entflammten. Ich wollte nicht loslassen, was ich zu Beginn unserer Beziehung in uns gesehen hatte – obwohl ich seitdem schon so oft verletzt worden war. Ich klammerte mich immer noch an seine Worte, wie er mir gesagt hatte, es sei das erste Mal, dass er so eine tiefe Beziehung gehabt habe. Wie er mir erzählte, dass er durch mich erkannt habe, was für einen Auftrag er im Leben habe. Ich wollte die Vorstellung nicht loslassen, wie viel wir gemeinsam noch erreichen könnten. All das wollte ich nicht aufgeben, ohne vorher gekämpft zu haben. Also kämpfte ich weiter. Unter Tränen. Im Gebet. Jeden Tag. Und ich war mir sicher, dass er das auch tun würde – Tausende von Kilometern entfernt. Zumindest hoffte ich das.

Nach dem gemeinsamen Abendessen mit meinem Dad fiel ich nach diesem langen Tag und der vorangegangenen schlaflosen Nacht zuerst in mein Bett und dann in einen tiefen Schlaf. Am nächsten Tag sollte es wieder nach Hause gehen.

Einen Tag nach meiner Ankunft in der Heimat hatte ich gleich schon ein Konzert in Zürich, gefolgt von einem weiteren in der Schweiz. Luc und ich hatten abgemacht, dass wir uns dort treffen würden.

Trotz allem, was zwischen uns stand, freute ich mich so sehr, ihn wiederzusehen. Ich hatte mich gerade umgezogen und stieg in den Aufzug zum Konzertsaal. Ich fühlte mich gut. Ein positiver Nebeneffekt meiner Afrikareise war, dass ich dort etwas abgenommen hatte. Das würde Luc bestimmt gefallen!

Die Aufzugstür öffnete sich und da stand er, direkt vor mir! Wir hatten beide nicht damit gerechnet und ich sah seine Überraschung. Seine Augen leuchteten auf und er strahlte mich an. Bei diesem Blick konnte er mir doch nicht erzählen, dass er mich nicht liebte! Ich sah so viel in diesen Augen. Und so fiel ich glücklich in seine Arme. Doch trotz der herzlichen Begrüßung lag etwas Ungutes in der Luft. Im Anschluss an das gelungene Konzert gingen wir noch etwas essen. Obwohl ich meine bewegenden Geschichten aus Afrika erzählte, war er nicht ganz bei der Sache. Plötzlich sagte er: „Du hast doch was mit deinem Pianisten!" Wo kam das denn auf einmal her? Ich würde zu viele Bilder mit meinem Pianisten posten, unterstellte er mir. Für mich war das völlig normal, schließlich traten wir zusammen auf. Ich versuchte, die komische Stimmung einfach zu überspielen. Die Angst, er würde die Worte aussprechen, vor denen ich mich so sehr fürchtete, war viel zu groß.

Mein Bruder, der an diesen beiden Konzerttagen die Technik für mich machen sollte, war am nächsten Morgen schon früh unterwegs zur nächsten Location, als er mich anrief und fragte, wann ich nachkäme. Ich wollte nur noch kurz eine Kleinigkeit mit Luc zu Mittag essen und dann ebenfalls losfahren. Doch Luc sah mich an und sagte: „Ich glaube, wir sollten reden." Da waren sie, die Worte, die ich nicht hören wollte. Wir unterhielten uns ausführlich und thematisierten noch einmal alles: die vielen Momente, in denen ich verletzt wurde, sein großer Kampf mit sich selbst, unsere Diskussionen und unsere unterschiedlichen Vorstellungen und Wünsche.

Am Ende des Gesprächs mussten wir erkennen, dass es für uns so keinen Sinn mehr machte. Der Moment war gekommen: Wir trennten uns. Gerade waren wir noch glücklich im Restaurant des Hotels gewesen. Jetzt zog ich die Tür meines Hotelzimmers hinter mir zu und brach weinend zusammen. Ich schrie und schluchzte und konnte kaum noch aufstehen. Mein Bruder rief nochmals an und ich heulte mich bei ihm aus. Besorgt und liebevoll meinte er: „Sollen wir für heute Abend absagen? Ich mach das für dich, keine Sorge. Du musst so nicht auf die Bühne, das werden sie verstehen." Was für einen tollen Bruder habe ich doch! Doch ich wollte es durchziehen. Einerseits musste ich mich ablenken, andererseits wollte ich kämpfen. Mir war schon so viel von meiner Musik genommen worden, dass ich jetzt erst recht auf die Bühne wollte. Ich erinnerte mich an:

> „Verliere nie dein Ziel aus den Augen, sondern geh geradlinig darauf zu." *(Sprüche 4,25)*

Der Raum war liebevoll dekoriert. Es war ein Vorweihnachtsevent und die Stimmung sehr feierlich. Nach dem Soundcheck ging ich noch mal an die frische Luft, um mich zu sammeln. Es war eine herrliche Gegend. Ich stand auf einer leichten Anhöhe mit Blick auf einen schönen See. Alles war bedeckt von dem Schnee, der in den letzten Tagen gefallen war. Und es war sehr, sehr kalt. Doch ich spürte die Kälte kaum, denn in mir fühlte es sich genauso gefroren an.

Ich atmete noch einmal tief durch, dann ging ich wieder rein. Die Veranstalter kamen mir entgegen und tapfer lächelte ich sie an. Ich wollte niemanden enttäuschen – nicht heute, wo so viele liebe Gäste gekommen waren. Die Anmoderation machte eine Schweizer Radiomoderatorin. Strahlend holte sie mich auf die Bühne: „Und hier ist sie, die immer lächelnde Déborah Rosenkranz." Ich erhob mich, lief in Richtung Bühne und dachte: „Wenn die nur wüssten."

Ich ging an diesem Abend auf die Bühne, weil ich wusste, dass ich trotz meines Schmerzes noch etwas zu geben hatte – oder vielleicht sogar gerade deswegen. Ich war selbst überrascht, als ich meinen eigenen Worten zuhörte. Denn trotz allem hatte ich tief in mir dieses feste Vertrauen verankert. Dieses Vertrauen in einen großen Gott, der mich nicht bestraft, sondern mein Bestes will:

> „Wer die Saat mit Tränen aussät, wird voller Freude die Ernte einbringen. Weinend geht er hinaus und streut die Saat aufs Feld; doch wenn er zurückkommt, jubelt er über die reiche Ernte." *(Psalm 126,5-6)*

Diese Verse waren mir vor Augen. Ich hatte viel für die Menschen auf dem Herzen, die extra angereist waren, um mich zu hören – und das wollte ich ihnen mitgeben. Ich habe mit Tränen ausgesät und ich kann dir sagen, dass ich bis heute staune, wenn ich an die vielen Rückmeldungen von genau diesem Abend denke. Denn an diesem schmerzhaften Tag habe ich erlebt, was Gott mit dem folgenden Vers meinte:

> „Gott sagte zu mir: ‚Meine Gnade ist alles, was du brauchst! Denn gerade wenn du schwach bist, wirkt meine Kraft ganz besonders an dir.' Darum will ich vor allem auf meine Schwachheit stolz sein. Dann nämlich erweist sich die Kraft von Christus an mir." *(2. Korinther 12,9)*

Du musst nicht auf deinen besten Tag warten, um anderen von Gott zu erzählen, der dir bis heute immer wieder geholfen hat. Der beste Tag dazu ist immer *heute*, denn die Menschen um dich herum sehnen sich nach Antworten und vielleicht kannst genau du sie ihnen geben. Gerade dann, wenn dein Wunder noch nicht in Aussicht ist und du trotzdem vertraust, machst du Menschen großen Mut. Ich möchte dich deshalb ermutigen, den Kopf nicht in den Sand zu stecken – ganz egal, was du gerade durchmachst.

Du musst nicht immer super drauf sein, dich wohl in deiner Haut fühlen und alles im Griff haben, um dein Licht leuchten zu lassen. Manchmal ist es genau deine Schwachheit, die Menschen ermutigt, weil sie sich so viel besser mit dir identifizieren und erkennen können: „Wow, ihr geht es nicht besser als mir, doch sie kämpft und sie gibt nicht auf, weil sie darauf vertraut, dass Gott sie da wieder rausholen wird!" Dieser Auftritt wurde ein voller Erfolg, der mir noch lange in Erinnerung blieb.

6. Einsam, aber nie allein

Vertraue in deinen Wegbegleiter!

Wie sehr hatte ich mich auf die Feiertage gefreut! Wir hatten bereits Tickets in die USA gebucht, um mit Lucs Familie zu feiern. Nach all den Jahren sollte ich dieses Jahr zum ersten Mal keine Auftritte in der Weihnachtszeit haben. Endlich würde ich die romantischste Zeit des Jahres einmal mit einem Mann an meiner Seite genießen können – das war zumindest bis vor Kurzem noch der Plan gewesen.

Jetzt war alles anders. Luc schrieb mir eine WhatsApp und fragte mich, ob ich noch zu seiner Familie mitkommen wollen würde. Ich wunderte mich sehr über seine Frage. Wir hatten uns schließlich gerade getrennt. Natürlich wäre ich nur zu gern mitgeflogen, doch nicht, um an der Seite eines Mannes zu sein, der sich nicht sicher war, ob er mich liebte oder nicht. Ausgerechnet zum Fest der Liebe, das wollte ich mir nicht antun. Dennoch hatte ich ein paar Tage überlegt, ob ich es tun sollte, um die Beziehung vielleicht doch noch zu retten. Als ich meine Überlegungen meiner Mutter erzählte, kamen ihr die Tränen und sie sagte: „Déborah, bitte tu dir das nicht an. Ich würde keine Sekunde ruhig sein können, wenn ich wüsste, dass meine Tochter unglücklich und wahrscheinlich unbeachtet in den USA sitzt“, das traf mich doch sehr.

Auch alle meine Freunde warnten mich davor mitzufliegen. Und so entschied ich mich endlich einmal gegen mein Herz, aber für die Vernunft – und für den Schmerz. Doch wer weiß, wie schmerzhaft es geworden wäre, wenn ich mitgeflogen wäre. Also flog das Flugzeug ohne mich ab. Es war komisch für mich, aber auch für ihn. Das ließ er mich wissen, als er mir kurz vor dem Abflug noch eine liebe Nachricht schickte – und genau das ließ mich wieder hoffen.

Für mich wurden die Feiertage zu einem Albtraum. Weil ich geplant hatte, in den USA zu sein, hatte ich hier natürlich nichts organisiert. Somit hatte ich weder Auftritte, noch hatte ich etwas mit meinen Freunden verabredet. Ich war die letzten Monate „untergetaucht" und jetzt plötzlich wieder da. Da konnte ich nicht erwarten, dass man mit mir gerechnet hatte. Selbst meine Eltern waren nur an Heiligabend da. Sie hatten eine Reise nach Südfrankreich gebucht, weil sie dachten, ich sei über die Weihnachtsfeiertage ohnehin nicht zu Hause. Doch jetzt war ich es. Frisch getrennt. Wobei, ich wusste nach Lucs Frage gar nicht mehr, ob ich das wirklich war – getrennt.

Verunsichert, zutiefst verletzt und einfach nur zerbrochen fand ich mich am zweiten Weihnachtsfeiertag auf dem Fußboden meiner Wohnung wieder. Mir war nicht nach Feiern zumute. Ich konnte kaum aufstehen, so schwach fühlte ich mich. So griff ich nach meiner Bibel, denn mir fehlten die Worte zum Beten. Die Psalmen wurden zu meiner täglichen Lektüre. Ich fing an, David, der diese unfassbar ehrlichen Texte geschrieben hatte, auf einmal richtig zu verstehen. Ganz besonders sprach mich Psalm 119 an und ich begann, unter Tränen zu Gott zu schreien:

> „Doch jetzt bin ich völlig am Ende! Herr, schenke mir neue Kraft, wie du es versprochen hast!"
> *(Psalm 119,107)*

oder:

„Voller Sehnsucht warte ich auf deine Hilfe, denn du hast sie mir fest versprochen. Ich vergehe fast vor Ungeduld, bis du deine Zusage erfüllst. Wann endlich tröstest du mich?"
(Psalm 119, 81–82)

Danach kroch ich zurück in mein Bett. Zu mehr war ich nicht in der Lage. Ich ertrug die fröhliche Weihnachtsstimmung nicht und bei jedem Weihnachtslied im Radio drehte ich sofort auf „Lautlos".

Zu dem Herzschmerz kamen noch ganz andere Sorgen: Was würde eigentlich aus den geplanten Terminen in den USA werden? Und meine Aufnahmen? Das hätte jetzt alles ebenfalls stattfinden sollen. Also schrieb ich Luc und er änderte netterweise meinen Flug. Ich war dankbar, dass er das tat, aber gleichzeitig tat es sehr weh. Eine einfache Mail und mein Flug war auf einen anderen Termin gelegt worden, an dem er nicht mir dort sein würde. Ich würde in die USA fliegen, kurz nachdem Luc zurück sein würde. Zumindest hatte ich mit dem neuen Termin wieder ein Ziel vor Augen und noch einiges, was ich dafür vorbereiten musste.

Ich setzte mich ans Piano und fing an zu schreiben. Die Songs, die dabei entstanden, schickte ich in die USA an meinen neuen Produzenten, der gerade wieder einmal einen *Grammy* gewonnen hatte. Ich freute mich sehr über die Zusammenarbeit mit ihm, denn trotz seines großen Erfolges gab er mir das Gefühl, dass er an mich glaubte. Besonders mein Song „One prayer", der meine Geschichte erzählt, wie ich von der Essstörung befreit wurde, hatte ihn sehr berührt.

....

Es war ein sehr harter und kalter Winter. Nicht nur draußen, sondern auch in meinem Herzen, aber irgendwie schaffte ich es immer wieder, mich aufzurappeln, schließlich hatte ich ein Ziel, das nun immer näher rückte. Ich trieb viel Sport, um mich abzulenken, und stürzte mich in die Arbeit. Besonders gern ging ich zum Boxtraining. Dort konnte ich meinen ganzen Frust „rausschlagen". Nicht selten kam ich mit blutigen Händen zurück.

Zu Luc hatte ich nur wenig Kontakt, doch wenn wir sprachen, war er sehr herzlich zu mir, weshalb ich die Hoffnung nie ganz aufgab. Nach wie vor las ich täglich in den Psalmen, die mir viel Kraft gaben. Ich glaube nicht, dass ich diese Zeit ausgehalten hätte, ohne in der Bibel zu lesen. Es war, als würde ich an jedem neuen Tag etwas entdecken, das genau für mich geschrieben wurde:

> „Zu Gott dem Höchsten schreie ich, zu ihm, der meine Not wendet und alles zu einem guten Ende führt. [...] Fasse neuen Mut, mein Herz! Wach auf!" *(Psalm 57,3+9).*

Ich wiederhole mich in meinem Buch gern tausendmal, wenn es um die Bibel geht. Jahrelang war sie für mich ein Buch, mit dem ich nichts anfangen konnte. Alt, schwer zu verstehen und weit entfernt von meiner Lebenswelt. Heute bin ich so fasziniert von der Bibel, dass ich nervös werde, wenn ich zwei Tage weg bin und sie daheim liegen gelassen habe. Ich liebe es, in Gottes Wort zu lesen.

Ein kleiner Tipp: Kauf dir eine Bibel, die dir optisch gefällt. Es gibt heute so viele unterschiedliche Modelle – die Auswahl ist riesig! Und kauf dir eine Übersetzung, die dich anspricht. Es sind Kleinigkeiten, doch sie können dich motivieren, die Bibel regelmäßig(er) in die Hand zu nehmen. Ich kann dir aus eigener Erfahrung sagen, wie gut dir das tun wird. Und mach dir immer wieder bewusst, Gottes Wort gilt genau *dir*. Die Bibel ist ein einziger Liebesbrief an dich!

> „Sie [die Bibel] zeigt dir den einzigen Weg zur Rettung, den Glauben an Jesus Christus. Denn die ganze Heilige Schrift ist von Gott eingegeben. Sie soll uns unterweisen;

sie hilft uns, unsere Schuld einzusehen, wieder auf den richtigen Weg zu kommen und so zu leben, wie es Gott gefällt!" *(2. Timotheus 3,15-16)*

Nehmen wir nur einmal den ersten Satz: „Sie zeigt dir den *einzigen* Weg zur Rettung!" Würden wir das wirklich glauben, würden wir nicht unsere Zeit damit vergeuden, tausend verschiedene Optionen auszuprobieren, sondern uns immer gleich an Gott wenden. Gott möchte in den Momenten deiner Schwäche durch sein Wort zu dir sprechen. Und in den schönen Momenten findest noch mehr Freude bei ihm.

Alles, was du in deinem Leben je brauchen wirst, findest du bei Gott.

....

Aber nun zurück zu meiner Geschichte. Es war ein komisches Gefühl, plötzlich allein dazustehen. In meinem ganzen Leben war ich nie wirklich allein gewesen, vor allem nicht, was meine Musik anging. Daniel war vom ersten Schritt an mein treuer Begleiter gewesen.

Jetzt würde ich in den USA ein neues Album aufnehmen und er wusste nicht einmal davon. Und Luc, für den ich diesen Weg gegangen war, hatte mich verlassen. Was in den sozialen Medien aussah wie der Traum jeder Sängerin, trug in Wirklichkeit einen faden Beigeschmack. Ich bekam so viele Likes wie noch nie für meine tollen „American-Dream-Bilder", und tatsächlich war es unglaublich schön, dort zu sein und mit diesem Produzenten zusammenarbeiten zu dürfen. Doch dass der Schmerz in mir größer war als die Freude über all das, das wusste keiner. In diesem Moment wollte ich es auch noch für mich behalten. Vielleicht, weil ich immer noch hoffte?

Bevor es in Kalifornien ins Studio ging, hatte ich einen recht bedeutenden Auftritt in Florida. Nach dem Soundcheck ging es raus in die strahlende Sonne. Ich war so glücklich über diesen Auftritt und trotzdem fragte ich mich die ganze Zeit: „Wo ist Luc? Wir wollten das alles doch gemeinsam erleben?" Irgendwie kam ich selbst nicht mehr nach. Mein Leben fühlte sich gerade so merkwürdig an – ich bewegte mich zwischen dem größten Herzschmerz und den größten Auftritten, die ich bis dahin je hatte. Ich hielt einen Moment inne und versuchte, all das irgendwie zu fassen.

Und in genau diesem Augenblick piepste mein iPhone. Es war Luc. Ausgerechnet jetzt? Bitte nicht! Er wollte nachfragen, wie es mir ginge. Ich erzählte ihm, was ich gerade erleben durfte, und er antwortete: „Ich bin so stolz auf dich!" Später sagte er noch: „Ich wäre so gern bei dir …!" Wie bitte? Ich glaubte, mich verhört zu haben. Tränen schossen mir in die Augen. Wie sehr hatte ich solche Worte vermisst – und ihn! Doch in diesem Moment wollte ich nicht darüber nachdenken, ob es vielleicht doch noch etwas mit uns werden könnte – nicht jetzt!

Ich freute mich unendlich, doch gleichzeitig wühlte mich das Gespräch auf. Ich zwang mich, diese Gedanken und Gefühle erst einmal beiseitezuschieben, und freute mich wieder auf den besonderen Abend, an dem ich mit amerikanischen Künstlern für autistische Kinder singen würde. Geprägt von Lucs abwertenden Kommentaren über meinen Auftritt in den sozialen Medien achtete ich in dieser Zeit penibel darauf, was ich postete und wie ich mich auf den Bildern präsentierte. So sehr hoffte ich, ihm zu gefallen. Als er mir nach dem Auftritt schrieb: „Wunderschön hast du heute auf Facebook ausgesehen", gab er mir die Bestätigung, nach der ich mich gesehnt hatte. Doch es war die falsche. Ich wollte diese Beziehung retten, indem ich ihm optisch gefiel. Doch was eine gesunde Beziehung ausmacht, das sind zwei Menschen, die sich lieben, auch wenn das schöne Äußere irgendwann einmal vergeht.

Tief drin wusste ich, dass ich diese Liebe von Luc niemals bekommen würde. Leider war ich noch nicht weise genug, um meinen Verstand konsequent über mein Herz entscheiden zu lassen. Es ist bemerkenswert, wie wichtig in der Bibel die Weisheit ist. Sie ist wertvoller als alles Äußerliche, als jede Schönheit:

> „Selbst die größten Schätze und die schönsten Perlen verblassen gegenüber dem Wert der Einsicht. … Ja, die Weisheit schenkt Glück und Sicherheit, sie allein gibt ein erfülltes Leben, und wer an ihr festhält, ist glücklich! …
> Sie wird dein Leben erfüllen und dir Ansehen bei Menschen geben. Dann kannst du sicher deinen Weg gehen,
> nichts bringt dich zu Fall. Dein Schlaf ist ruhig und tief,
> vor nichts brauchst du dich zu fürchten."
> *(Sprüche 3,15 +17–18+22–25)*

....

Ich hatte Respekt vor dem nächsten Flug nach Santa Ana, Kalifornien. Wie würde es mir in der Stadt ergehen, in der seine Familie wohnte, in der seine Freunde waren und in der ich selbst kaum jemanden kannte? Dieses Mal würde ich allein sein – und nicht bei Freunden übernachten, sondern bei einer wildfremden Frau über *airbnb*.

Ich klammerte mich im Flugzeug an meine Bibel und schlug einfach irgendeine Seite auf. Dort las ich den bereits fett unterstrichenen Vers, der mir schon einmal geholfen hatte:

> „Wer die Saat mit Tränen aussät, wird voller Freude die Ernte einbringen. Weinend geht er hinaus und streut die Saat aufs Feld; doch wenn er zurückkommt, jubelt er über die reiche Ernte." *(Psalm 126,5–6)*

Das erinnerte mich an das Konzert am Abend unserer Trennung, als Gott meine Tränen genutzt hatte, um vielen Menschen zu helfen. Ich war tief berührt. Gott war da. Er war mir nah. Das spürte ich ganz deutlich. Er hatte mich nicht vergessen. Weißt du, ich hätte die Angst vor dieser Reise allein mit mir herumtragen können, doch schon das Aufschlagen der Bibel hat mich wieder gestärkt. Es lohnt sich einfach, sich immer wieder diese Zeit mit Gott zu nehmen. Ich blickte auf die andere Seite in meiner aufgeschlagenen Bibel und auch dort stach mir eine weitere Ermutigung ins Auge:

> „Der Herr wird nicht zulassen, dass du fällst;
> er, dein Beschützer schläft nicht." *(Psalm 121,3)*

Wovor sollte ich also Angst haben? Zu meiner großen Überraschung landete ich in Kalifornien und hatte sofort das Gefühl, „zu Hause" zu sein. Meine Angst war auf einmal weg. Ich weiß, so etwas kann nur Gott schenken! In der *airbnb*-Wohnung hatte ich ein wunderschönes Zimmer mit Bad und auch hier fühlte ich mich sehr wohl. Vom ersten Tag an meldeten sich liebe Freunde bei mir und kümmerten sich nonstop um mich. Vor allem mit den Leuten aus der Gemeinde, die ich dort besucht hatte, unternahm ich viel, sodass ich wider Erwarten nur selten allein war. Ich erlebte die wundervolle Liebe Gottes. Sämtliche Versprechen aus der Bibel wurden wahr, vor allem aber eines: Er lässt uns niemals allein.

> „Ich lasse dich nicht im Stich, nie wende ich mich von dir ab!" *(Hebräer 13,5)*

All das machte mich innerlich unheimlich stark. Dann war der große Tag der Aufnahmen gekommen. Mein Kindheitstraum ging in Erfüllung. Ich stand mit bekannten und unglaublich begabten Musikern im Aufnahmeraum. Sie standen schon mit Größen wie Phil

Collins auf der Bühne und ein paar von ihnen kannte und bewunderte ich schon von klein auf. Vor Freude und Aufregung hüpfte ich durchs Studio, so energiegeladen und glücklich war ich.

Ich konnte nicht glauben, dass das alles hier wirklich passierte. Und als ob dieses Studioerlebnis nicht schon genug war, folgte am nächsten Tag noch der Dreh meines allerersten richtigen Musikvideos. In all den Jahren zuvor hatte ich aus finanziellen Gründen noch keines drehen können und jetzt durfte ich gleich mit einem richtig professionellen Team zusammenarbeiten.

Ein bisschen „Hollywoodfeeling“ kam schon auf, als ich von einem Jaguar zum Dreh abgeholt wurde. Ich fühlte mich auf einmal wie ein Superstar und dachte mir nur: „Danke, lieber Gott, dass du mich gerade jetzt so verwöhnst …“ Wir fuhren in die Berge Kaliforniens, wo um diese Jahreszeit sogar noch Schnee lag. Es war eine weite Strecke, deshalb fuhren wir bereits am Vorabend des Drehs los. Wir ubernachteten in einem wunderschönen Hotel und ich hatte ein tolles Zimmer.

Frühmorgens klopfte es dann an meiner Tür und eine Stylistin kam in mein Zimmer, um sich um mein Make-up und Styling zu kümmern. Auch das war neu für mich. Ich kam mir vor wie eine Prinzessin und schickte erneut ein stilles Dankgebet in den Himmel. Ich genoss es, geschminkt zu werden, danach ging es los zum ersten Drehort. Wir hatten sehr viel Spaß an diesem Tag, alle waren gut gelaunt und zufrieden mit meiner Arbeit. Ich wurde häufig gelobt, was mich sehr ermutigte. Ich spürte, wie etwas von dem zurückkam, was ich in den letzten Monate verloren hatte: das Gefühl, gut zu sein – so wie ich bin und in dem, was ich tue.

Gegen Nachmittag brachen wir zum letzten Drehort auf. Das Team wollte unbedingt eine Szene am Meer drehen und hatte sich dafür bereits ein besonderes Plätzchen ausgesucht, das sie mir nun zeigen wollten. Als ich die Treppe zu der kleinen Bucht runterlief, traute ich meinen Augen nicht: Das war genau der Strand, an dem ich mit Luc gewesen war! Der Ort, an dem mein Herz brach. Der Tag, an dem mir bewusst wurde, dass es mit uns nicht gut gehen würde. Und jetzt sollte ich an diesem Ort drehen? Und dann auch noch genau *das* Lied singen, das ich auf seiner Holztreppe geschrieben hatte, nachdem er mich wieder einmal zurückgewiesen und nicht beachtet hatte? Nachdem er mir das Gefühl gegeben hatte, dass ich nicht gut genug bin? Der Songtitel lautet „You're worth it", also „Du bist es wert", und im Text geht es darum, dass wir uns niemals einreden lassen sollen, dass wir nicht gut genug sind. Jede von uns ist „mehr", ja, wir sind es alle wert! Wir sind es alle wert, bedingungslos geliebt zu werden.

Ich weiß noch genau, wie ich mich an die Felswand lehnte. Die Sonne ging gerade langsam unter und berührte mit ihren letzten Strahlen mein Gesicht. Während die Jungs mit der Kameraeinstellung beschäftigt waren, blickte ich hinaus auf das weite Meer und hörte Gott zu meinem Herzen sagen: „Und jetzt sing. Sing es in die ganze Welt hinaus. Denn es sind noch sehr viele Menschen da draußen, die hören müssen, dass sie es wert sind! Ich habe dich zurückgeholt an diesen Ort, um dir zu zeigen, dass ich dich bei jedem Schritt führe. Vertraue mir!" Tränen füllten meine Augen. „Nicht jetzt, nicht jetzt, das Make-up", dachte ich nur. Doch mein Herz war erfüllt. Erfüllt von Liebe und Dankbarkeit für diesen wunderbaren Gott, dessen Hand alles gelenkt hatte. Er hatte alles geplant. Alles.

> „Der Mensch plant seinen Weg, aber der Herr lenkt seine Schritte." *(Sprüche 16,9)*

Er wusste genau, wie weh es mir getan hatte, als ich das erste Mal an diesem Strand gewesen war. Doch er hatte einen Plan. Er wollte sehen, ob ich treu genug bin, weiterzumachen, auch wenn alles zerbricht. Und ich war es. Ich war allein zurück in die USA geflogen, um treu meine Aufgabe zu erfüllen. Die Aufgabe, die er mir hier auf

Erden gegeben hatte. Und als er sah, dass ich genau das getan hatte, flüsterte er mir genau an diesem Ort die nächste Aufgabe ins Ohr. Es war einer der unvergesslichsten Momente in meinem Leben.

Wieder einmal hatte Gott mich daran erinnert, dass er an mich glaubte und dass er gute Pläne für mich hat. Und das gilt genauso für dich! Gott will dich ermutigen, treu den Weg weiterzugehen, den er dir aufgezeigt hat, auch wenn er sich zwischenzeitlich schmerzhaft anfühlt. Am Ende wird er deine Treue belohnen.

> „Freue dich über den Herrn, er wird dir alles geben, was du dir von Herzen wünschst. Vertraue dich dem Herrn an und sorge dich nicht um deine Zukunft! Überlass sie Gott, er wird es richtig machen. Dass du ihm treu bist, wird dann keiner mehr leugnen können; dass du recht hast, wird für jeden sichtbar sein. Sei geduldig und warte darauf, dass der Herr eingreift!" *(Psalm 37,4-5)*

....

Nachdem alles im Kasten war, hatte ich einen freien Tag für mich, bevor es noch einmal ins Studio gehen sollte. Ich erhielt einen Anruf von einem Bekannten, ob ich am Abend zu einer jungen Frau mitgehen wolle. Sie organisierte regelmäßig Abende, bei denen es leckeres Essen gab und man sich dabei buchstäblich über Gott und die Welt austauschen konnte. Obwohl ich mich bei dem Gedanken, unter wildfremden Menschen zu sitzen, nicht so wohlfühlte, war ich froh, wieder einmal nicht allein sein zu müssen. Also sagte ich zu.

So saß ich wenig später in diesem großen, pompösen Wohnzimmer und fragte mich, was ich hier eigentlich tat. Die Menschen waren faszinierend, alle hatten Spannendes zu erzählen. Doch irgendwie fühlte ich mich in die Ecke gedrängt, als es darum ging zu erzählen, wie es einem aktuell wirklich ginge. Darüber wollte ich nicht reden. Allerdings spürte ich eine starke Gegenwart Gottes in diesem Wohnzimmer. Das merkte ich unter anderem daran, weil ich auf Knopfdruck hätte weinen können. So erlebe ich das oft. Besonders vor Auftritten. Wenn ich in diesen Momenten nah am Wasser gebaut bin und emotional werde, dann ahne ich, dass Gott an diesem Abend etwas Großes zu tun wird.

Und so überwand ich mich und erzählte zumindest oberflächlich, wie es mir ging. Für die Leute hier war ich schließlich nur eine Fremde und ich wollte nicht ihre Zeit stehlen. Das war nebenbei bemerkt auch wieder ein absolut falscher Gedanke, der mit Minderwertigkeitsgefühlen zu tun hat.

> „Ermahnt und ermutigt einander immer wieder, solange jenes heute gilt und Gott zu euch redet. Nur so seid ihr sicher, dass ihr euch nicht vor ihm verschließt und die Sünde euch nicht betrügen kann. Denn nur wenn wir wirklich bis zuletzt an der Zuversicht festhalten, die der Glaube uns schenkt, gehören wir zu Christus." *(Hebräer 3,13–14)*

Das bedeutet, dass es wichtig ist, miteinander zu reden und sich offen auszutauschen. Ob es in deiner vertrauten Umgebung ist oder am anderen Ende der Welt – sobald du mit Christen zusammenkommst, bist du in deiner Familie. Und statt zu denken: „Was habe ich schon zu geben oder zu erzählen?", solltest du mutig sein und dich öffnen. Denn das, was du gerade erlebt hast, möge es noch so unbedeutend wirken, kann die größte Ermutigung für deinen Nächsten sein. Hier auf Erden bist du das Sprachrohr Gottes. Wenn dich Gott in so eine besondere Atmosphäre führt, dann hat es einen Grund, und du darfst dir einen kleinen Ruck geben. Also verschließe weder Mund noch Ohr oder wie es weiter heißt:

„Darum gilt, was Gott gesagt hat: ‚Heute, wenn ihr meine Stimme hört, dann verschließt eure Herzen nicht.'"
(Hebräer 3,15)

Und im Kapitel 10 des Hebräerbriefs steht noch einmal:

„Lasst uns aufeinander achten! Wir wollen uns zu gegenseitiger Liebe ermutigen und einander anspornen, Gutes zu tun. Versäumt nicht die Zusammenkünfte eurer Gemeinde."
(Hebräer 10,24)

Genau diese Ermutigung erlebte ich an diesem Abend. Ich war es überhaupt nicht gewohnt, dass alle so positiv um mich herum waren. Sie wollten wissen, was ich mache, um für mich beten zu können. Es mag an der offenen amerikanischen Art gelegen haben, die uns Europäer manchmal so überrumpelt, doch ich verspürte auch eine ehrliche, tiefe Wertschätzung für mich und eine „familiäre Liebe", wie man sie selbst unter wildfremden Christen finden kann.

Die Tränen stiegen immer weiter auf, während ich zuhörte wie der Bekannte, der mich eingeladen hatte, sagte: „Déborah tut einen wertvollen Dienst in Deutschland. Sie ist Sängerin und kümmert sich sehr intensiv um Menschen mit Essstörungen." Der Ball war auf meinem Feld gelandet und ich wollte gerade loslegen zu erzählen, als die Eingangstür aufging und ein großer griechischer Mann mit einem strahlenden Lächeln eintrat. Man sah sofort, dass etwas an ihm anders war. Er war in besonderer Weise von Gottes Kraft erfüllt. Er lief direkt auf mich zu und sagte: „Du bist eine Sängerin aus Deutschland, nicht wahr?" Woher wusste er das? Ich war platt. Alle in dem Raum waren es. „Gott hat schon im Auto zu mir gesprochen und mir etwas für dich aufs Herz gelegt. Er hat etwas ganz Besonderes mit dir vor."

Das war der Moment, in dem ich die Taschentücher herauszog. Wie konnte es sein, dass dieser griechische Mann ausgerechnet jetzt in Kalifornien war und mir diese Botschaft überbrachte? Tatsächlich war er erst an diesem Tag aus Taiwan zurückgekommen und auch nur für diesen einen Abend in Kalifornien. Doch er kam in unsere Mitte, um zu ermutigen. Ich zitterte am ganzen Körper und war sprachlos. Das war auch gut so, denn er redete direkt weiter. Er sprach Dinge über mein Leben aus, die er unmöglich hätte wissen können. Er baute mich auf und wiederholte mehrmals, dass Gott noch sehr viel mit meiner Arbeit vorhabe.

Weißt du, in einer Phase, in der du glaubst, dich selbst verloren zu haben, und an allem zweifelst, was dich je ausgemacht hat, tut es unglaublich gut, so etwas zu hören! Und dann sagte er noch: „Ich sehe das Wort ‚Autorität' über dir. Du glaubst, dass deine Arbeit jetzt schon groß ist, doch sie wird noch viel größer werden. Gott möchte, dass du lernst, große Entscheidungen selbst zu treffen. Denn Menschen werden sich darum reißen, Teil deines Dienstes zu werden, weil sie Geld und Macht für sich dahintersehen. Deswegen lerne jetzt schon, Nein zu sagen. Auch wenn es nur darum geht, einen Song einen Halbton höher zu singen – setze deine Meinung durch."

Ich fand die Sache mit dem Halbton lustig, doch hatte kaum Zeit, darüber nachzudenken, denn er sprach gleich weiter: „Ich sehe Menschen an einem Tisch sitzen, die ‚das Projekt Déborah' besprechen. Sie überlegen, wie man es vermarkten könnte, um möglichst viel Geld für sich selbst daraus machen zu können. Doch Gott wird dich vor diesen Leuten beschützen!" Ich fand das alles sehr spannend und in erster Linie ermutigend, denn all das würde bedeuten, dass sich meine Situation irgendwann wieder bessern würde, und in dieser Phase meines Lebens war das alles, was ich hören wollte. Ich wollte hören, dass es mit meiner Musik weitergehen würde! Dass das, was ich in den USA gerade angefangen hatte, Früchte tragen und mich weiterbringen würde, auch wenn mit dem Ende der

Zusammenarbeit mit Daniel alles unsicher geworden war und es sich bei dem Deal mit dem amerikanischen Produzenten auch um keine längerfristige Zusammenarbeit handelte. Was es mit den weisen Worten dieses fremden Mannes noch auf sich haben sollte, das erfuhr ich schon sehr bald.

....

Am nächsten Tag stand ich frühmorgens auf. Ich wollte in der morgendlichen Sonne Kaliforniens laufen gehen, bevor es wieder ins Studio ging. Und ja, ich war sehr nervös. Ich war zwar schon oft im Studio gewesen, doch hier fühlte sich alles irgendwie anders an. Als ich verschwitzt zurück in meine *airbnb* -Wohnung kam, war ich schon etwas spät dran, aber wollte noch schnell duschen. Da sah ich die vielen Nachrichten auf meinem Handy – von Luc! Fehlte ich ihm etwa? Sonst war er nie derjenige gewesen, der viel geschrieben hatte, doch jetzt wollte er alles wissen: Wie es mir ging, wie es mit den Musikern gelaufen war, ob ich mich wohlfühlte … Noch als ich seine Nachrichten las, klingelte plötzlich das Handy. Luc! Sollte ich drangehen? Nach allem, was geschehen war? Ich war doch gerade erst dabei, ihn loszulassen.

Mein Herz sprang mir halb aus der Brust vor Aufregung. Ich nahm ab und da war sie auch schon, seine vertraute Stimme. Ich konnte nicht lange mit ihm reden, weil ich losmusste. Doch ein wohliges Gefühl machte sich in mir breit, das ich erfolgslos versucht hatte zu verdrängen.

Hoffnungsvoll und mit einem leicht erhöhten Herzschlag ging ich an diesem Tag ins Studio, um die letzten Aufnahmen zu machen. Wir hatten noch ein Lied vor uns, bei dem ich mich noch nicht ganz wohlfühlte. Ich bat den Produzenten, den Song doch einen Halbton höher zu spielen, und genau das war es, was noch nicht gestimmt hatte! Der halbe Ton machte den Unterschied. Doch im Studio meinten alle: „Nein, das braucht es doch jetzt nicht. Lass es, wie es ist!“ Ich wollte schon einknicken, als mir die Worte des Mannes am Vorabend wieder in den Sinn kamen: „Autorität. Setz dich durch, auch wenn es nur um einen Halbton geht.“

Unfassbar. Ich staunte, dass seine Worte plötzlich Realität wurden – und setzte mich durch. Ich war wirklich bewegt von dieser Vorhersage. Gott hatte tatsächlich durch diesen Mann gesprochen.

An einem meiner letzten Abende in den USA ging ich mit einem Freund Sushi essen. Steve. Luc hatte ihn mir vorgestellt und wir hatten uns während meines Aufenthalts hier besser kennengelernt. Er ist ein beeindruckender Mensch! Als Fashiondesigner hatte er so viele Erfolge vorzuweisen, doch sein einziges Ziel war es, Gott zu gefallen. Von Anfang an war ich beeindruckt gewesen von seiner Herzenshaltung. Da er schon ein paar Jährchen mehr Lebenserfahrung hatte als ich, ließ ich es gern zu, mich von ihm beraten zu lassen. Ich liebe es, von erfahreneren Menschen zu lernen. Dazu ermutigt uns auch die Bibel in diesen beiden Versen:

> „Stattdessen suche nach guten Vorbildern, die dir zeigen, wie man ein gutes Leben führt." *(Sprüche 2,20)*

Und:

> „Wenn du mit vernünftigen Menschen Umgang pflegst, wirst du selbst vernünftig. Wenn du dich mit Dummköpfen einlässt, schadest du dir nur." *(Sprüche 13,20)*

Steve ist einer dieser Menschen, die so vernünftig sind, dass sie einen damit beinahe provozieren. Kennst du das? Du weißt eigentlich, dass die Person richtig denkt und weise redet, aber du würdest trotzdem lieber etwas anderes von ihr hören?

Mein Ziel war es eigentlich, von Steve noch mehr über Luc in Erfahrung zu bringen und von ihm zu hören: „Kämpfe um ihn. Ihr bekommt das wieder hin!" Doch was er wirklich sagte, klang ganz anders: „Déborah, ich kenne ihn, ich kenne dich. Ich mag euch beide und möchte, dass es euch beiden gut geht. Starte keinen zweiten Versuch mit ihm." Na danke, das war absolut nicht das, was ich hören wollte. Doch ich hätte auf ihn hören sollen … Mehr dazu später.

> „Höre auf guten Rat und nimm Ermahnung an,
> damit du am Ende ein weiser Mensch wirst." *(Sprüche 19,20)*

Ja, die Weisheit ist ein wertvolles Gut. Am nächsten Morgen holte mich Steve ab und gab mir ein Geschenk. Es war ein kleines Andachtsbuch, das meine nächsten Monate sehr stark prägen würde. Es hat sogar dieses Buch geprägt, das du gerade in den Händen hältst. Ich konnte so viel daraus lernen – aber auch von Steve selbst. In allem, was er tat, war er einfach nur weise. Ein guter Ratgeber, Freund und Tröster. Trotz seines stressigen Jobs und seines vollen Terminkalenders nahm er sich die Zeit, sich um ein deutsches Mädchen zu kümmern, das er kaum kannte. Ich dachte mir nur: „Ich hoffe, ich werde auch mal so ein Mensch, wenn ich älter bin."

Der Tag der Abreise stand nun unmittelbar bevor und ich wollte noch ein paar Geschenke für meine Familie besorgen, bevor es zum Flughafen ging. Meine liebe Taxifahrerin wollte wissen, was ich denn in Amerika gemacht hätte. Ich antwortete ihr, dass ich eine christliche Sängerin sei, die hier war, um Songs aufzunehmen. Auch das liebe ich an den USA: Jeder kennt moderne christliche Musik. Es gibt viele christliche Radiosender und jeder weiß, dass das ein ganz eigener Markt ist. In Deutschland komme ich mit meinem Vokabular schnell an Grenzen, wenn ich jemandem auf dem roten Teppich erklären will, welche Musik ich mache.

Jedenfalls war die nächste Frage der Fahrerin prompt: „Das heißt, Sie glauben an Gott?“ Jetzt kam ich in Fahrt und erzählte ihr meine Geschichte und weshalb ich überhaupt Musik machte. Die Frau brach hinter ihrem Steuer zusammen. Sie schluchzte nicht nur, sie weinte lauthals los. Immer wieder sagte sie: „Das glaube ich jetzt nicht! Das glaube ich jetzt nicht!“ Irgendwann hielt sie an, da sie sich nun zum vierten Mal verfahren hatte, drehte sich zu mir um und blickte mich mit ihren verweinten Augen an: „Heute Morgen sagte ich zu Gott, dass ich nicht mehr leben möchte. Aber wenn es ihn wirklich geben und er mich nicht vergessen haben sollte, dann solle er mir ein Zeichen geben. Sie sind dieses Zeichen!“ Jetzt weinte ich mit ihr mit – vor Freude! Ich war wieder einmal überwältigt von Gott. Und davon, dass er mir zeigte, wie sehr er mich gebrauchen wollte, um Menschen Hoffnung zu schenken.

Mit meinen Geschenken unterm Arm kam ich zurück in meine *airbnb*-Wohnung. Ich zog gerade den Schlüssel aus der Tasche, als mich selbst nach diesem schönen Erlebnis wieder ein schlechter Gedanke überfiel: „Wäre mit Luc alles anders gelaufen, hätte ich jetzt die ganze Zeit bei seiner Familie wohnen können und nicht bei einer fremden Frau.“

Noch bevor ich aufschließen konnte, öffnete sich die Tür und genau diese fremde Frau stand auf einmal vor mir. Wir hatten während meines gesamten Aufenthaltes kaum miteinander gesprochen. Doch jetzt stand sie vor mir wie eine vertraute alte Freundin. Sie sah mich an und sagte: „Ich bin gerade vom Frauenarzt zurückgekommen. Ich habe Krebs.“ Dann brach sie vor mir zusammen. Eine wildfremde, alleinstehende Frau. Und Gott liebte sie so sehr, dass er es eingefädelt hatte, dass sie in diesem Moment nicht allein sein musste. Genauso sehr liebt Gott dich und wird dich in deinen schlimmsten Momenten nicht allein lassen!

Meine Vermieterin hatte keine Ahnung, dass ich Christin bin – und ich hatte keine Ahnung, dass sie ebenfalls an Gott glaubte.

Nachdem wir das herausgefunden hatten, verbanden wir uns im Gebet, Gott begegnete uns in diesem Moment und schenkte der Frau Trost:

> „Denn wo zwei oder drei in meinem Namen zusammenkommen, bin ich in ihrer Mitte." *(Matthäus 18,20)*

....

Ich war gerade einmal vier Wochen in der Heimat gewesen, bevor es wieder in die USA ging. Dieses Mal hatte ich drei Auftritte an einem Wochenende. Meine Freundin Nancy war extra aus Florida nach Kalifornien gekommen, um mich zu unterstützen. Es waren gefühlt alle da, mit denen ich in der kurzen Zeit meiner musikalischen Reise in den USA zu tun gehabt hatte. Ich war überrascht und dankbar. Ganz besonders war ich glücklich darüber, heute nicht allein dastehen zu müssen. Doch irgendwie stand ich beim Soundcheck dann doch allein in diesem riesigen Saal. Wo waren „meine Freunde" auf einmal alle hin?

Nach dem Soundcheck fand ich sie backstage um einen großen Tisch sitzend und ich hörte, wie sie das „Projekt Déborah" besprachen. Mir fiel es wie Schuppen von den Augen! Sofort erinnerte ich mich an die Worte des Mannes, der auf meiner letzten Amerikareise gesagt hatte: „Wenn du siehst, wie Menschen an einem Tisch ‚das Projekt Déborah' besprechen, dann lauf weg." Ich war wütend, traurig und vor allem enttäuscht. Ich hatte wirklich gedacht, dass sie meinetwegen gekommen waren. Um mich zu unterstützen – als Freunde. Doch weit gefehlt: Sie sahen lediglich ein Geschäft mit mir. Nancy, die auch an diesem Tisch saß, kam sofort zu mir. Die anderen hatten sie dazugeholt, um sie als meine Freundin „einzuwickeln", doch Nancy hatte das sehr schnell durchschaut. Ich hätte nicht trauriger sein können, als ich auf die Bühne ging und in der zweiten

Reihe genau die Gesichter erblickte, für die ich nur ein Projekt gewesen war. Gleichzeitig war ich überwältigt davon, dass Gott mich vor dieser Situation durch die Worte eines wildfremden Mannes gewarnt hatte.

Im Anschluss an meinen Auftritt gingen wir mit dem Team in ein Lokal am Meer, um meinen Geburtstag zu feiern, doch mit dieser neuen Erkenntnis war mir nicht mehr nach Feiern zumute. Mir fehlten meine echten Freunde. Und ich vermisste Luc – und er mich offensichtlich auch. Denn im nächsten Moment brachte der Kellner eine Flasche Champagner an unseren Tisch „ … mit lieben Grüßen aus der Schweiz“. Luc hatte also an mich gedacht. Er hatte extra in Erfahrung gebracht, in welchem Restaurant wir heute Abend sein würden, und hatte diese kleine Überraschung für mich organisiert! Mein Herz raste vor Freude. Ich wäre am liebsten direkt zu ihm zurückgeflogen. Ich wollte sehen, ob wir nicht doch noch eine Chance hatten. Aufgeregt trat ich ein paar Tage später die Rückreise an und hatte auch dieses Mal wieder einen Folgeauftritt in den USA in der Tasche. Es sollte wieder nur einen Monat später sein. Meine Karriere dort kam langsam ins Rollen – und ich hoffte, dass es auch mit Luc und mir wieder vorangehen würde.

7. Der innere und äußere Mensch

Warum es wichtig ist zu unterscheiden

Bevor es diesmal zurück in die USA ging, fanden erst einmal aufregende Ereignisse in der Heimat statt. Luc und ich kamen uns tatsächlich wieder näher! Er wollte mich wiedersehen und wieder einmal folgte ich meinem Herzen, anstatt auf meinen Verstand zu achten, der mir längst gesagt hatte, dass es keinen Sinn mehr machen würde. Als Luc mich in ein hübsches Restaurant einlud, sagte ich aufgeregt zu. Es fühlte sich an wie unser erstes Date. Ich fühlte mich gut, gestärkt und körperlich topfit. Ich wusste, dass ihm das gefallen würde.

Und an dieser Stelle muss ich einhaken und ganz klar sagen: Mein Äußeres war bereit für ihn. Mein Inneres war immer noch labil – mitgenommen von den letzten Monaten des Wartens, Hoffens und der Sehnsucht nach ihm. Ich war erschöpft von der Sehnsucht danach, geliebt zu werden, von der Sehnsucht nach dieser ungesunden Beziehung, obwohl genau dort meine Sehnsucht nach Liebe nicht gestillt wurde. Ich war innerlich nicht bereit für dieses Wiedersehen, aber ich glaubte, dass ich äußerlich gerade in Form war, würde schon reichen. Der Preis, den ich dafür zahlen würde, war mir in diesem Moment nicht bewusst.

Was möchte ich dir damit sagen? Es ist völlig normal, dass du dich an manchen Tagen super fühlst und an anderen nicht. Das kann bei uns Frauen von solchen Banalitäten beeinflusst werden – es reicht die Feststellung, dass deine Hose etwas lockerer sitzt als sonst, und du fühlst dich toll. Oder du verlässt den Friseur mit einer besonders schönen neuen Frisur und gehst an jedem Spiegel mit einem Lächeln vorbei. Das sind die Tage, an denen wir am liebsten alle unsere Freunde treffen würden, ausgehen möchten und uns der Welt präsentieren wollen. Doch dann gibt es auch die Zeiten, in denen wir etwas zu viel gegessen haben oder einfach unsere Tage haben und uns aufgebläht und nicht sonderlich attraktiv finden. Tage, an denen du morgens aufwachst, dein Spiegelbild erblickst und dir denkst: „Das wird heute nichts mit uns!" Ich glaube, jede Frau weiß, wovon ich spreche.

Es hat so eine enorme Macht über uns, wie wir uns gerade fühlen – besonders in Bezug auf unser Äußeres. Was wäre, wenn es diese Gefühle einfach nicht mehr gäbe? Wenn wir uns jeden Tag gleich fühlen würden, egal, ob die Hose gerade etwas lockerer sitzt oder leicht spannt, weil es die letzten Tage einfach zu gutes Essen gab? Ich weiß natürlich nicht, wie du tickst, vielleicht hast du damit ja überhaupt keine Probleme. Ich kann nur von mir reden und sagen, dass ich auch bei diesem Thema einen ganz wichtigen Schlüssel für mein Leben gefunden habe. Es gab Wochenenden, an denen ich vor Auftritten fast durchgedreht bin, weil mir irgendwie keine Hose mehr richtig passen wollte. Immer vor Auftritten!

Irgendwann wurde mir bewusst, dass das die Masche des Teufels war. Denn er weiß genau, dass das mein Schwachpunkt ist. Mir wurde klar, dass er immer auf diesen einen Punkt abzielen würde, bevor ich auf die Bühne gehe. Und als ich das erkannt hatte, sagte ich ihm den Kampf an. Ich fing an, die innere Déborah zu stärken. Ich habe erkannt, welches Spiel hier im Hintergrund abläuft, und habe mich statt auf den Sitz meiner Hose auf meine Botschaft konzentriert. Auf die „gefährliche" Déborah, die auf der Bühne so viele Menschen erreichen und ermutigen kann, wenn sie sich nicht von solchen Banalitäten beeinflussen lässt. Wenn du dich fragst, wie ich das geschafft habe? Überraschung: durch das Wort Gottes!

Im Leben werden wir immer wieder auf Schwierigkeiten und Prüfungen stoßen. Davor bleibt keiner verschont. Doch wenn wir im Inneren gefestigt sind, werden wir trotz all der Herausforderungen ein freies und glückliches, ja ein *wunder*volles Leben führen!

> „Denn so wie Gott einmal befahl: ‚Licht soll aus der Dunkelheit hervorbrechen!', so hat sein Licht auch unsere Herzen erhellt. Durch uns sollen nun alle Menschen Gottes Herrlichkeit erkennen, die in Jesus Christus aufstrahlt. Diesen kostbaren Schatz tragen wir in uns, obwohl wir nur zerbrechliche Gefäße sind. So wird jeder erkennen, dass die außerordentliche Kraft, die in uns wirkt, von Gott kommt und nicht von uns selbst. Die Schwierigkeiten bedrängen uns von allen Seiten und doch werden wir nicht von ihnen überwältigt. Wir sind oft ratlos, aber nie verzweifelt."
> *(2. Korinther 4, 6–8)*

Auch hier heißt es, dass diese außerordentliche Kraft, die *in uns* wirkt, von Gott kommt.

> „Ich bitte Gott, dass er euch aus seinem unerschöpflichen Reichtum Kraft schenkt, damit ihr durch seinen Geist innerlich stark werdet!" *(Epheser 3,16)*

Innerlich stark – dieser Vers zeigt ganz deutlich, worum es geht. Hier steht nicht: „… dass Gott euch aus seinem unerschöpflichen Reichtum alle Schönheit und finanziellen Mittel schenkt", sondern: „… dass er euch Kraft schenkt". Ich bin überzeugt davon, dass wir mit dieser Kraft und seiner Weisheit wesentlich weiterkommen im Leben als mit dem größten Reichtum. Und ich bin überzeugt davon, dass wir diesem Reichtum auch nicht nachrennen sollten, sondern stattdessen darum kämpfen sollten, diese innere Kraft und Weisheit zu erlangen. Denn dann sind wir wirklich reich!

Die Erkenntnis des Unterschiedes zwischen unserem inneren und unserem äußeren Leben ist extrem wichtig. Das ist ein Thema, das einen mit 20 vielleicht noch weniger interessiert als später im Leben. Es ist die Zeit, in der man sich innerlich und äußerlich noch frisch und jung fühlt, in der alle Möglichkeiten des Lebens verheißungsvoll vor einem liegen und man freudig aufgeregt auf alles blickt, was da noch kommt. Im Idealfall ist das zumindest so und ich hoffe, dass du diese Zeit genauso erlebt hast – oder sie gerade noch genießt.

Wenn du dich gerade nicht mehr „jung und frisch" fühlst, sondern innerlich und äußerlich müde vom Leben, dann wünsche ich dir, dass du der Weisheit und inneren Kraft nachjagst, anstatt irgendwelchen jugendlichen Schönheitsidealen. Bitte Gott darum, dass er dir dabei hilft. Es wird vielleicht ein bisschen dauern, bis du die Kraft findest, neu durchzustarten, aber dann mit so viel Elan, dass du all die verlorene Zeit wieder aufholen wirst! Und dieser Durchbruch der inneren Stärke kann kommen, wenn du 20 bist, genauso wie mit 30, 40, 50 Jahren – oder wann auch immer.

Vielleicht hast du auch eine gescheiterte Beziehung oder Ehe hinter dir und fühlst dich ausgebrannt und allein. Vielleicht hat dich diese Trennung daran zweifeln lassen, ob du schön genug, gut genug, jung genug bist – und plötzlich merkst du, dass es nicht darauf ankommt, wie du nach außen wirkst, sondern wie stark du innerlich bist, und das macht dich heil. Diesen Moment wünsche ich dir von Herzen!

....

Wäre ich innerlich stark genug gewesen, hätte ich diesem Date mit Luc nie zugestimmt. Denn wenn ich ehrlich bin, habe ich mich nur darauf eingelassen, weil ich mich so sehr nach seiner Bestätigung gesehnt hatte. Ich wusste ja bereits, dass er mich niemals so lieben würde, wie ich es mir wünschte. *Eigentlich* wusste ich das, doch ich wollte ihm beweisen, dass ich „besser werden“ kann. Ja, ich wollte ihm zeigen, wie stark ich geworden war, denn ich hatte ohne ihn weitergemacht, und ich wusste, dass ihn das beeindruckt hatte. In diesem Punkt war ich wirklich stark gewesen, doch in einem anderen war ich noch immer schwach: Ich machte meinen Selbstwert noch immer von seiner Bestätigung abhängig und hatte noch keine innere Stärke, die unabhängig von solchen äußeren Faktoren war.

Du musst stark sein, um einschätzen zu können, ob es wirklich gut ist, zu einem Date zu gehen oder nicht. Und du musst stark sein, um dir dann gegebenenfalls zu sagen: „Auch wenn ich ihn unglaublich toll finde, werde ich absagen, weil ich weiß, dass ich nur verletzt werden kann. Denn wir beide haben uns kein bisschen verändert.“ Ich gestehe, als ich vor dieser Entscheidung stand, habe ich kein bisschen auf mein Inneres geachtet, geschweige denn auf die Stimme der Vernunft gehört. Sonst hätte ich mir eine Menge Zeit und Leid erspart. Gleichzeitig bin ich unendlich dankbar, dass alles kam, wie es kam.

Denn ich durfte jetzt schon lernen, was ich sonst vielleicht erst viel später begriffen hätte – nämlich, wie wichtig es ist, konstant an seinem „inneren Menschen“ zu arbeiten und dadurch stark zu werden. Nur so kann man sich selbst besser schützen.

Genau deswegen schreibe ich dieses Buch mit meinen sehr persönlichen Erfahrungen. Damit du die Augen weit offen hast, wenn du in eine ähnliche Situation gerätst, und dich dann richtig entscheiden kannst. Ich entschied mich damals falsch – und musste die Konsequenzen tragen, denn die Zeit danach wurde noch viel schwerer als die, die bereits hinter mir lag.

Über meine schlimmste Zeit erfährst du erst noch, wenn du weiterliest. Doch sein Versprechen hat Gott gehalten und dieses Versprechen möchte ich auch dir mitgeben:

> „Und wenn du ins Feuer gerätst, bleibst du unversehrt. Keine Flamme wird dich verbrennen." *(Jesaja 43,2)*

Es tut sehr weh, durchs Feuer zu gehen, und wenn man noch mitten im Feuer steht, dann scheint die eigene Lage aussichtslos und endgültig. Es steht fest: Man wird verbrennen. Doch nicht mit Gott! Mit Gott kannst du in der Hölle auf Erden landen und er wird dich wieder aus ihr herausholen. Deswegen lasse niemals seine Hand los! Lies täglich seine Versprechen und sprich sie am besten immer wieder laut aus.

....

Das Date mit Luc war wundervoll. Der Moment des Wiedersehens war unvergesslich. Wir saßen uns bei Kerzenschein gegenüber und genossen ein köstliches Essen. Ich bekam zwar vor Freude und Aufregung kaum einen Happen herunter, doch ich bemerkte, wie er mich ansah, und das reichte mir aus. Es war etwas in seinem Blick, das ich vorher noch nicht in ihm gesehen hatte. War es Bewunderung, Stolz, Liebe?

Wir hatten geredet und geredet und uns so gut verstanden wie noch nie. Auch er merkte das und so trafen wir uns kurz darauf wieder. Dieses Mal in einem schicken Restaurant direkt am Zugersee. Es war erst März, doch die Sonne fing schon langsam an zu wärmen und strahlte uns ins Gesicht. Wir setzten an einen Tisch auf der Terrasse und unterhielten uns wieder genauso intensiv wie bei unserem letzten Date. Auch dieser Tag war einfach nur perfekt. Über unsere Zukunft sprachen wir zwar noch nicht, doch alles fühlte sich so vielversprechend an, dass ich mir sicher war, diese Zukunft würde es geben.

Unser nächstes Date, nur eine Woche später, fand in Luzern statt, ebenfalls an einem schönen Schweizer See. Ich war etwas früh dran und so wartete ich am Eingang des *Schweizer Hofs*, einem bekannten 5-Sterne-Hotel. Ich hatte schon bemerkt, dass mich ein sehr elegant gekleideter, gut aussehender Mann beobachtete. Tatsächlich kam er irgendwann zu mir herüber und wollte mich auf einen Drink einladen. In diesem Moment trat Luc hinter mich, nahm meine Hand und zog mich liebevoll, aber bestimmt weg. Mein Herz sprang vor Freude. Hand in Hand liefen wir davon und er ließ mich nicht mehr los. Nach so einem Moment hatte ich mich doch so lange gesehnt! Wir alle wollen zu jemandem gehören. Und wir tun es auch – immer, egal, ob wir gerade Single oder vergeben sind.

> „Ich habe dich bei deinem Namen gerufen, du bist mein."
> *(Jesaja 43,1)*

Leider sind sich viele Christen – mich damals eingeschlossen – der Bedeutung dieses Verses nicht wirklich bewusst. Wir wollen glauben, dass Gott uns liebevoll „mein" nennt, doch sobald wir die Wahl haben zwischen einer Beziehung zu einem sichtbaren und spürbaren Menschen und einem unsichtbaren, buchstäblich ungreifbaren Gott, neigen wir dazu, uns für das zu entscheiden, was wir sehen und anfassen können. Wir glauben, davon mehr zu haben. Versteh mich bitte nicht falsch, ich bin eine absolute Romantikerin und glaube immer noch an die große Liebe, doch eine Beziehung zu Gott, der die Liebe selbst ist, kann durch keine menschliche Beziehung ersetzt werden. Außerdem sehnt sich Gott so sehr nach dieser Beziehung zu dir.

Bevor wir uns also in eine Beziehung zu einem Menschen stürzen, sollten wir erst einmal in unserem Inneren überprüfen, ob diese Beziehung wirklich das Richtige für uns ist. Ob sie uns guttut. Ob sie uns beflügelt. Denn wenn das Gegenteil der Fall ist, dann kann nicht nur unser äußeres Leben aus den Fugen geraten, sondern unser innerer Mensch gerät in Gefahr, verletzt zu werden. Deswegen finde ich diesen Vers aus den Sprüchen Kapitel 4, Vers 23 so wichtig. Die englische Übersetzung aus der *Message Bible* sagt es noch direkter:

„Watch over your heart, that's where life starts."

Wörtlich übersetzt: „Pass auf dein Herz auf, denn dort beginnt das Leben." Das bedeutet, *wenn du dein Herz nicht beschützt, ist dein ganzes Leben in Gefahr!*

Kurz nachdem wir uns wieder „gefunden" hatten, hatte Luc Geburtstag, und ich wollte ihm die schönste Feier organisieren. Alles sollte perfekt sein. Wir fuhren mit seiner Familie an einen See nach Frankreich, wo ich ein Boot gemietet hatte, auf dem wir eine kleine Tour machten, bevor es zum Essen in ein kuscheliges Restaurant ging. Wir lachten so viel und ich erzählte verschiedene Anekdoten aus meinem Leben als Flugbegleiterin. Ich fühlte mich frei und unbeschwert. Doch als wir uns später zum Essen setzten, gab mir Luc unter dem Tisch einen Stoß. Ich verstand nicht, was los war. Auch seinen Blick konnte ich nicht deuten. Irgendwann flüsterte er mir ins Ohr: „Musst du so laut sein? Es geht nicht immer nur um dich. Du bist hier nicht die Künstlerin, o. k.? Sei einfach normal." Das saß. Der Abend war für mich gelaufen.

Lucs Worte hatten mich so verletzt, dass ich mich wie eine Schnecke in mein Häuschen zurückzog. Als die Torte, die ich extra für ihn organisiert hatte, an den Tisch gebracht wurde und alle anfingen zu singen, biss ich mir auf die Lippen, um nicht zu weinen. Mag sein, dass es etwas zickig von mir gewesen war, aber ich sagte an diesem Abend kein Wort mehr – und alle merkten es. Doch dass ich nicht ich sein durfte, hatte mich tief verletzt. Wieder einmal wusste ich nicht mehr, wie ich mich ihm gegenüber verhalten sollte, also schwieg ich einfach. Und wieder spürte ich dieses komische Gefühl in der Magengegend, das mir sagen wollte: „Hier stimmt etwas nicht."

8. Emotionaler Missbrauch

Stelle dich der Wahrheit, auch wenn sie wehtut

Ich freute mich dennoch, dass ich beim nächsten Mal wieder mit Luc in die USA fliegen würde. Er wollte mich bei meinem nächsten Auftritt sogar am Klavier begleiten! Der Abflug war an einem Dienstag um die Mittagszeit. Montags hatte ich wie immer Probe mit den Musikern vom Lobpreisteam meiner Kirche, das ich nach wie vor mit Daniel leitete. Wie ich schnell merken musste, war das Luc immer noch ein Dorn im Auge. Ich freute mich so auf den Abflug am nächsten Tag, doch er strafte mich mit Ignoranz und Zurückweisung. Den ganzen Abend hörte ich nichts mehr von ihm. Alle WhatsApp-Nachrichten blieben unbeantwortet.

So kam ich am nächsten Tag verunsichert am Flughafen an, ohne zu wissen, ob Luc überhaupt dort sein würde. Vor Sorge und Kummer hatte ich kein Auge zugemacht. Ich schrieb ihm weitere Nachrichten auf WhatsApp, doch nichts kam zurück. Irgendwann fand ich ihn dann am Check-in und bekam eine herzlose Begrüßung. Was hatte ich denn getan? Wir hätten vor Freude über den Flughafen hüpfen sollen, schließlich flogen wir unserem gemeinsamen Traum entgegen, außerdem hatten wir überraschend ein Upgrade in die Businessclass bekommen. Doch nichts dergleichen. Wir sprachen kaum ein Wort miteinander. Jeder, der mich nur ein bisschen kennt, weiß, wie wichtig mir emotionale Nähe ist. Gerade vor einem wichtigen Auftritt muss ich *spüren*, dass ich nicht allein bin. Doch Luc schien das völlig egal zu sein.

Wir nahmen Platz in unseren großen Sitzen in der Businessclass, bekamen sofort ein Glas Champagner angeboten und machten noch schnell ein „Wir-sind-so-glücklich-Foto" für die Familie, bevor sich jeder in seinen Sitz zurücklehnte und für sich war. Obwohl ein Flug in der Businessclass etwas wirklich Besonderes für mich war, konnte ich ihn nicht genießen. Stattdessen sackte ich in meinem Sitz zusammen und ließ wieder einmal meinen Tränen freien Lauf. Wie konnte man nach außen hin alles haben und innerlich doch so unglücklich sein?

....

Da wären wir wieder bei dem großen Unterschied zwischen dem innerlichen und dem äußerlichen Mensch und seinen Bedürfnissen. Ich hoffe, dass dir auffällt, wie wichtig dieser Punkt ist. Zwar hatte ich einen gut aussehenden Mann an meiner Seite, wir flogen in der Businessclass nach Los Angeles und hatten sämtliche Annehmlichkeiten, die man sich wünschen kann, doch das war alles nur oberflächliches Glück. Mein Herz, das war leer.

Ich fragte mich in diesem Moment, ob das der Preis ist, den viele Frauen bezahlen, die wir eigentlich bewundern. Wunderschöne, reiche Frauen, auf deren Luxusleben mit schicken Autos, tollen Villen und Designeroutfits wir vielleicht sogar eifersüchtig sind. Doch oft sind genau das auch die Frauen, die irgendwann zusammenbrechen oder betrogen werden. Frauen, die von ihren eigenen Männern nicht beachtet werden und trotz des Luxus um sie herum nicht glücklich sind. Weil sie konstant unter dem Druck leben müssen, immer perfekt auszusehen, und dafür eine Diät nach der anderen machen und von einem Schönheitschirurgen zum nächsten rennen. Und das alles nur, weil sie sich tief drin nach Beachtung und Liebe sehnen. Wenn man das nicht von seinem Partner bekommt, ist es sehr schmerzhaft. Denn Zurückweisung und Nichtbeachtung sind Formen von emotionaler Verletzung, die oft unterschätzt werden, und aus Angst davor, allein zu sein, nehmen viele Frauen sie in Kauf.

Ich wollte mir das selbst lange nicht eingestehen. Doch immer wieder fiel in meinem Freundeskreis das Wort „Trophäe". Ich schob den Gedanken, dass sie recht haben könnten, sehr lange beiseite. Doch jede meiner Freundinnen, die uns zusammen erlebt hatte, sagte mir danach dasselbe: „Er liebt dich nicht. Du passt einfach sehr gut in das Bild, dass er von sich vermitteln möchte. Déborah, du bist eine ‚Trophy-Wife' (Trophäenfrau) geworden." Dass das nichts Gutes hieß, war mir schon klar. Der Begriff war mir trotzdem noch nicht geläufig, also googelte ich ihn spaßeshalber einmal. Bei Wikipedia stand: „Trophy Wife (zu Deutsch etwa ‚Trophäenfrau', ‚Beutefrau' oder seltener ‚Trophäenweibchen') ist ein abwertend gebrauchter Begriff für eine in der Regel gut aussehende junge Frau, die einen älteren, erfolgreichen und gut situierten Mann heiratet."

Es war hart, das zu lesen. Denn wenn ich ehrlich zu mir war, traf diese Beschreibung auf uns zu: Luc war ein gut situierter Mann und ich über zehn Jahre jünger als er. Dennoch hatte er mehrmals erwähnt, dass ich fast schon zu alt für ihn sei. Für mich spielten Alter und Status bei ihm jedoch keine Rolle. Ich liebte ihn einfach. Ich liebte den Mann, den ich damals auf der Terrasse kennengelernt hatte. Den großzügigen, charmanten Mann, mit dem ich meinen Glauben teilen konnte, mit dem ich in den ersten Monaten unserer Beziehung so viel Wundervolles und Tiefes erlebt hatte. Doch nachdem ich zum wiederholten Male mit einer Trophäenfrau verglichen wurde, ließ es mich nicht mehr kalt. War ich das wirklich geworden? Hatte Luc sich nie eine normale Beziehung mit mir gewünscht? War sein Ziel von Anfang an nur gewesen, eine jüngere, gut aussehende Frau zu haben? War es deswegen gar nicht von Bedeutung für ihn, was ich im Leben machte, sondern nur wie ich aussah? Aber wie passte das alles mit den tiefen Momenten zusammen, die ich mit Luc erlebt hatte? All die intensiven Gebetszeiten, wir zusammen hatten? Ich wusste überhaupt nicht mehr, was ich denken sollte.

Nur eines wusste ich: Gott konnte niemals wollen, dass wir Frauen nur als „Trophäen" abgestempelt werden. Gleichzeitig fragte ich mich, wie es sein konnte, dass manche Frauen sich offensichtlich genau so ein Leben wünschten? Es machte doch auf Dauer nicht glücklich! Fragen über Fragen häuften sich in meinem Kopf. Ich wollte das alles einfach nicht glauben.

Doch so ist es oft in Missbrauchsfällen – und ich bin mir bewusst, dass dieses Wort hart klingt. Man redet sich viel zu lange ein, dass „es schon o. k. ist" und dass „ja gar nichts Schlimmes passiert ist". Womöglich gibt man sich selbst noch die Schuld für alles. Nein, ich bin nicht so missbraucht worden, wie man jetzt denken könnte. Doch es war ein emotionaler Missbrauch, der hier stattgefunden hat. Vielleicht nicht bewusst, doch die Auswirkungen haben mich seelisch zerstört. Missbrauch, egal, in welcher Form, ist das Schlimmste, das einer Frau widerfahren kann. Und ich hatte leider schon einmal eine sehr unschöne Erfahrung mit diesem Thema gemacht.

....

Es passierte kurz nachdem ich als „die singende Flugbegleiterin" bekannt geworden war. Meine Geschichte war viel in den Medien und ich hatte schon einige Auftritte hinter mir. Besonders in meiner Heimat wurde mein Erfolg begeistert mitverfolgt. Ein paar Jahre vor dieser Zeit arbeitete ich in einem Restaurant als Kellnerin. Mit meinem damaligen Chef und ein paar netten Kolleginnen waren wir nach der Arbeit oft noch in einen Club gegangen.

Nun fuhr ich Jahre später wieder an einem der zwei Restaurants vorbei, die meinem Exchef gehörten. Ich wollte kurz Hallo sagen und er lud mich auf einen Drink ein. Danach sagte er: „Komm, lass uns doch in den Club fahren – wie in guten alten Zeiten." Wie oft hatten wir das damals getan. Ich dachte mir nichts dabei und sagte zu. Wir fuhren mit seinem schnittigen Sportwagen los, doch die Strecke kam mir nicht bekannt vor. Als ich ihn fragte, wo er denn hinführe, sagte er nur: „Ich muss dir noch was zeigen." Ich wurde unruhig, doch wusste nicht, was ich sagen sollte.

Wir fuhren durch einen Wald hinauf zu einem Wasserturm. Dort angekommen stiegen wir aus. Mitten im Wald. Mitten in der Nacht. Er kam zielstrebig auf meine Seite des Autos und wollte mich küssen. Als ich mich wegdrehte, ergriff er ruckartig meine beiden Handgelenke und drückte mich ans Auto. In diesem kurzen Moment schossen mir tausend Gedanken durch den Kopf. Von „Du bist hier ganz allein" über „Er ist viel stärker als du" bis „Du musst dir schnell was einfallen lassen". Und man überlegt vielleicht sogar kurz, ob man es nicht einfach über sich ergehen lassen sollte, um Schlimmeres zu vermeiden. Doch so ein Typ war ich nie gewesen – wenn es sich eindeutig um Missbrauch handelte, konnte ich das nicht tolerieren.

Hier geschah der Missbrauch deutlich sichtbar, nicht wie im Falle meiner Beziehung zu Luc, in der er weniger greifbar war. Bis heute staune ich über meine Reaktion damals. Ich hatte meinem ehemaligen Chef direkt in die Augen geblickt, während er mich immer noch an meinen Handgelenken festhielt, und gesagt: „Überlege es dir gut, ob du das tun willst. Ich komme hier nicht gegen dich an. Doch ich gehe an die Presse und ruiniere dein Leben. Deine Restaurants wirst du schließen können und jeder wird dich verachten." Daraufhin ließ er von mir ab und fuhr mich wieder zurück.

In dem Moment war ich unglaublich stark gewesen, doch ich brauchte Monate, um das Geschehene zu verarbeiten. Ich glaubte, selbst an dieser Situation schuld gewesen zu sein. Ja, ich glaubte tatsächlich, dass ich ihm vielleicht einen Grund zu der Annahme gegeben hätte, dass er so etwas mit mir tun dürfe! Und genau das passiert in solchen Situationen den meisten Frauen. Es gibt sogar etliche Frauen, die von ihren Männern geschlagen werden und sich am Ende noch einreden, sie seien selbst schuld daran und hätten es nicht anders verdient. Schuldgefühle und Scham sind immer wieder der Grund, weshalb viele dieser Geschichten nie ans Tageslicht kommen und viele Opfer ihr Leben lang still darunter leiden. Weißt du, weshalb es wichtig ist, dass du deine Geschichte erzählst, falls du selbst betroffen bist? Damit anderen Mut gemacht wird, es ebenfalls zu tun! Sie dürfen nicht länger schweigen und ihr wertvolles Leben mit all ihren Träumen und Wünschen aufgeben. Auch für solche Fälle müssen wir Frauen unbedingt innerlich stark werden. Durch das Wort Gottes.

....

Diese Überlegungen, ob alles vielleicht meine Schuld war oder ob alles vielleicht gar nicht „sooo schlimm“ war, waren es auch, die mich lange davon abgehalten hatten, dieses Buch zu schreiben. An so gut wie jedem einzelnen Tag hatte es in meiner Beziehung mit Luc verletzende Momente gegeben, aber wenn ich an sie zurückdachte, meldete sich oft die Stimme im Kopf: „Du hättest ja gehen können. Du bist selbst schuld, dass du es nicht getan hast.“ Oder sie versuchte mir einzureden, Luc habe das alles doch gar nicht so gemeint. Die Sache ist folgende: Selbst *wenn* er manches tatsächlich nicht so gemeint haben sollte, ändert das nichts daran, dass es mich zerstört hat. Und wie „schlimm“ etwas ist, hängt letztlich immer von unserer subjektiven Wahrnehmung ab. Natürlich erleben manche Frauen noch weitaus schlimmere Dinge in ihrer Beziehung, doch wenn dich eine Sache zutiefst verletzt und dir den Boden unter den Füßen wegnimmt, dann spielt es keine Rolle, wie schlimm oder weniger schlimm sie „objektiv betrachtet“ ist. Mich hat die Beziehung zu Luc innerlich kaputt gemacht – also wie viel schlimmer hätte es für mich werden können?

Jeder Mensch hat eine andere Grenze der Belastbarkeit, aber eines will ich dir sagen: Du musst nicht erst völlig am Boden liegen, um „Stopp" schreien zu dürfen. Bestenfalls tust du es vorher. Und genau deswegen ist es wichtig, dass du erkennst, wann du gehen oder dir Hilfe holen solltest. Als ich magersüchtig war, war es immer das Schlimmste für mich, wenn ich hören musste: „So krank sieht sie doch gar nicht aus." Ich hatte monatelang nichts gegessen und gehofft, dass man mir das ansehen würde. Solche Reaktionen bestätigten mich nur noch, erst recht nichts zu essen. Als eine große Zeitschrift einen Artikel über mich schreiben wollte und nach dem Erhalt eines abgemagerten Fotos von mir sagte: „Da haben wir dünnere Mädchen gesehen", verstand ich die Welt nicht mehr. *Nur du allein weißt, wie es dir wirklich geht und was du erlebst hast. Nimm dich und deine Gefühle ernst, stehe zu ihnen und ziehe dann deine persönlichen Konsequenzen.* Noch einmal:

> „Achte auf deine Gefühle und Gedanken, denn sie beeinflussen dein ganzes Leben!" *(Sprüche 4,23)*

Es geht darum, schädliche Situationen zu erkennen und zu vermeiden. Es geht darum, dich und dein Herz zu schützen. Jeder trägt die Verantwortung für sein eigenes Leben, aber das Gute ist, wir haben alle die gleiche Chance, uns mit der Wahrheit „vollzustopfen". Wir leben in einem Land, in dem wir freien Zugriff auf die Bibel haben – und damit auf die Wahrheit.

> „Ihr werdet die Wahrheit erkennen, und die Wahrheit wird euch befreien!" *(Johannes 8,32)*

Und weißt du, was diese Wahrheit noch tut? Sie macht dich nicht nur frei, sie hilft dir, ohne Verbitterung, ohne Hass, ohne ein Leben in der Vergangenheit weiterzumachen. Doch dazu komme ich später noch.

9. Am Boden zerstört, doch aufgehoben

Erkenne, was wahre Treue ist

Genau so wie diese Reise in die USA begonnen hatte, verlief sie auch weiter. Wie hatte ich mich darauf gefreut, neu mit Luc durchzustarten und ihm zu zeigen, was ich mittlerweile in den USA aufgebaut hatte. Doch diese Freude war einseitig. Ich versuchte mich auf den nächsten Auftritt zu konzentrieren, den ich dort hatte, und war sehr gespannt, wie die Amerikaner auf meine Musik und meine Botschaft reagieren würden. Denn dieses Mal gab man mir etwas mehr Zeit auf der Bühne als bei meinem ersten Auftritt in derselben Veranstaltung.

Für mich war dieser Auftritt deshalb eine große Sache, für Luc eine absolute Nebensache. Als ich ihn fragte, wieso es ihm nicht so wichtig sei, bekam ich die harte Antwort: „Mach doch nicht immer so einen auf Künstlerin, das Leben dreht sich nicht nur um deine Musik und dich!" Was soll ich sagen? Ich bin beim besten Willen kein egoistischer Mensch, der immer nur an sich denkt, aber dass ich mich selbst als Künstlerin sehe und die Musik deshalb einen hohen Stellenwert in meinem Leben einnimmt, das konnte ich nicht abstreiten. Doch Luc wusste ja, worauf er sich mit mir eingelassen hatte. Er hat mich schließlich als diese Künstlerin kennen- und vermeintlich auch lieben gelernt.

Und er hatte es mir damals schriftlich gegeben, dass er mich in meiner Musik unterstützen würde und dass er stolz darauf sei, wie vielen Menschen ich dadurch helfe würde.

Wieder einmal war ich wie vor den Kopf gestoßen und verstand gar nichts mehr.

Spätestens jetzt, bei unserem zweiten Anlauf, hätte ihm doch bewusst sein sollen, wie wichtig mir meine Musik war.

Zögernd hakte ich nach: „Aber wieso hast du mir dann überhaupt geholfen, hier neue Musik aufzunehmen?" Seine Antwort machte mich fassungslos: „Ich habe hier in den USA meine Familie und du hast nichts. Ich habe gesehen, dass du dich langweilst, und dann dachte ich, ich stecke dich ins Studio, dann hast du hier auch was zu tun." So einfach war das. Und so lieblos. Er hatte nach wie vor nichts verstanden. Nichts von meiner Vision. Nichts von meinem Leben. Und nichts davon schien für ihn wirklich von Bedeutung zu sein.

Am vorletzten Abend unserer USA-Reise gingen wir mit einem Teil seiner Familie und meinem amerikanischen Produzenten in das schönste Restaurant der ganzen Gegend, direkt am Meer. Es war ein Highlight für alle, denn es grenzte an ein Wunder, dort überhaupt einen Tisch zu bekommen. Wochen vorher hatten wir unseren schon reservieren müssen. Ich hatte mich sehr auf diesen Abend gefreut, mich extra hübsch gemacht und war ein wenig aufgeregt. Doch diese freudige Aufregung war mit einem Mal wieder weg, als mir bewusst wurde, dass wir das einzige Paar waren, das nicht verliebt am Tisch saß. Das einzige Paar, das nicht Händchen hielt. Stattdessen hielt er die Hand seiner Schwester. Mein Herz schmerzte so sehr. Wieder so eine Situation, die eigentlich hätte perfekt sein können. Wieder so eine Situation, in der ich fest glaubte, ich sei einfach nicht gut genug – nicht einmal als Trophäenfrau. Die Worte meiner Freunde kamen wieder in mir hoch: „Mehr sieht er nicht in dir. Wach auf, Déborah!" Doch endgültig aufzuwachen hieße, den Traum von uns beiden endgültig platzen zu lassen. Und der Gedanke daran war noch schmerzhafter als die Realität unserer Beziehung.

Als die Sonne in ihren schönsten Farben unterging und durch die Palmenzweige auf unseren Tisch schien, sagte ich: „Lasst uns doch kurz rausgehen und ein Foto machen." Ich erntete einen bösen Blick dafür. „Muss das jetzt sein?", zischte Luc. Es war ein weiterer Stich ins Herz. Zwischen uns herrschte Eiszeit. Für jeden am Tisch war das deutlich spürbar. Dieses unglaublich leckere Essen an diesem unglaublich schönen Ort, es hatte einen bitteren Beigeschmack. Was hätte ich dafür gegeben, in einem ganz normalen Restaurant zu sitzen, dafür aber mit einem liebevollen Mann, der mich beachtet und öffentlich zu mir steht. Das hätte mir tausendmal mehr bedeutet als dieser Luxus.

Am nächsten und letzten Tag in Kalifornien hatten wir das erste Mal Zeit für uns und gingen mittags allein in ein anderes nettes Lokal am Meer. Man saß direkt am Strand und es wehte eine leichte, angenehme Brise. Luc hatte mir zuvor eine schöne große Sonnenbrille gekauft. Ich freute mich riesig darüber, weswegen ich mich noch einmal bei ihm bedankte. Er grinste und antwortete: „Die verdeckt das Muttermal in deinem Gesicht so gut. Das mag ich nämlich gar nicht anschauen." Wieder ein Schlag in die Magengrube. Ich konnte all die Demütigungen und Zurückweisungen einfach nicht mehr ertragen und so fragte ich mutig: „Sag mal, liebst du mich überhaupt?" Nach einer längeren Pause folgten die Worte, die klarer nicht hätten sein können: „Ich empfinde eine tiefe Liebe für dich."

Das mag im ersten Moment schön klingen, aber ich spürte, dass er mir mit dieser Formulierung nur auswich, um nicht „Ja, ich liebe dich!" antworten zu müssen. Er sah meinen Blick und versuchte die Situation zu retten, indem er sagte: „Weißt du, es passt so gut mit uns, da wir beide so gern reisen und gern essen gehen. Wir teilen so viele Leidenschaften, auch die für Gott." In diesem Moment glaubte ich die Worte meiner Freunde endlich. Auch wenn es mir schwerfiel zu glauben, dass es auch „christliche Trophäenfrauen“ geben konnte.

Ich sprang auf und zahlte. Ich wollte nur noch weg. Seine Nähe ertrug ich nicht länger. Das alles konnte doch nicht wahr sein! Hatte ich mich so sehr in ihm täuschen können? War ich all die Zeit über gar nicht geliebt, sondern wirklich nur benutzt worden? Wie konnte er mir das antun? Mein Herz pochte und mein Kreislauf drohte in der heißen Mittagshitze zusammenzubrechen. Ich war allein und wusste nicht mehr, wohin. Tausend Fragen waren in meinem Kopf. So rannte ich in meinen High Heels mit einem von Tränen überströmten Gesicht über die Straßen von Laguna Beach. Es muss ausgesehen haben wie eine theatralische Filmszene.

Luc holte mich mit dem Auto ein und bat mich, doch zur Vernunft zu kommen. Und weil ich nicht wusste, wohin und wir uns spätestens am nächsten Tag im Flieger sowieso wiedersehen würden, stieg ich schließlich ein. Schweigend fuhren wir zurück, während ich nach einem Hotel für die letzte Nacht googelte. Die Zimmer waren so kurzfristig allerdings viel zu teuer für mich. Außerdem ärgerte mich die Vorstellung, jetzt auch noch Geld zum Fenster rauswerfen zu müssen, nachdem ich so benutzt worden war. Deswegen entschied ich mich, doch noch einmal bei seiner Familie zu übernachten. Sie waren immer so herzlich zu mir gewesen und konnten schließlich nichts dafür. Diese eine Nacht würde ich schaffen.

Außerdem hatte Luc für den Abend noch ein wichtiges Meeting bezüglich meiner Vermarktung in den USA organisiert, das ich nicht absagen wollte. Ich hatte in den USA etwas begonnen und das würde ich mir nicht nehmen lassen. „Sei stark, Déborah, sei stark!“, sagte ich mir immer wieder.

Es war erst Nachmittag, als wir bei seiner Familie ankamen, doch Luc legte sich direkt schlafen. Ich war so traurig, dass er sich nicht einmal jetzt um mich kümmerte. Ich konnte nicht aufhören zu weinen, doch er wirkte so, als sei ihm der Ausgang unseres letzten

Gesprächs völlig egal. Er war umgeben von seiner Familie. Ich war allein in einem fernen Land. Und ich hatte gerade erfahren, dass mich der Mann, mit dem ich von meiner Hochzeit geträumt hatte, gar nicht wirklich liebte. Und diesen Mann ließ das scheinbar so kalt, dass er sich ganz entspannt zu einem Mittagsschläfchen hinlegen konnte. „Trophäe. Trophäe. Trophäe", hämmerte es in meinem Kopf. Ich wusste nicht, wohin mit mir. So ging ich an den Pool. Hauptsache raus. Da lag ich dann in meinem Liegestuhl, mit der prallen Sonne im Gesicht und lauter glücklichen Menschen um mich herum. Doch unter meiner neuen, großen Sonnenbrille kullerten dicke Tränen hervor.

Gott sei Dank konnte ich mich bei dem Meeting am Abend in einem exquisiten Sushirestaurant wieder zusammenreißen und habe vieles über den amerikanischen Markt gelernt. Ich merkte aber deutlich, dass es Luc ziemlich egal war. Als man mir bestätigte, dass es gut sei, oft etwas auf Facebook oder Instagram zu posten, musste ich lachen. Denn genau das hatte Luc ja immer so an mir kritisiert. Jetzt tat er so, als hörte er es nicht.

Am nächsten Morgen packten wir unsere Koffer. Alles, was Luc zu unserem Mittagessen am Vortag gesagt hatte, war: „Du reagierst etwas über. Du hast doch sicher deine Tage? Wir reden ein anderes Mal darüber, wenn man wieder *normal* mit dir reden kann." Mir fehlten die Worte! Doch dann begann er plötzlich, Fieberschübe zu bekommen, und so wie ich eben bin, kümmerte ich mich natürlich trotzdem um ihn.

Es musste am Sushi gelegen haben, das wir am Vorabend gegessen hatten. Ich machte mir große Sorgen. Vor einem so langen Flug ist eine Lebensmittelvergiftung überhaupt nicht gut. Wir mussten irgendwann dennoch zum Flughafen aufbrechen und ich tat alles, damit es ihm besser ging. Er schlief bis zum Abflug in den unbequemen Sitzen am Gate, danach ging es ihm Gott sei Dank etwas besser.

So konnten wir schließlich die Heimreise antreten, diesmal jedoch in der Economyclass.

Nur wenige Minuten nach dem Start ging es dann bei mir los. Mir wurde schlagartig schlecht. *Bitte nicht jetzt!* Das Sushi hatte auch bei mir ganze Arbeit geleistet. Luc saß am Gang und ich am Fenster. Zwischen uns war der Platz leer geblieben. Ich übergab mich und war das erste Mal in meinem Leben dankbar für diese kleinen Spucktüten im Flugzeug. Mit der vollen Tüte in der Hand stieg ich über Luc, der zu schlafen schien. Beim vierten Mal wurde er dann doch wach, stand aber nicht einmal auf, um mich durchzulassen. Ich war so enttäuscht, dass er sich nicht um mich kümmerte. Es ging mir hundeelend, wie man sich vorstellen kann. Ich wollte einfach nur, dass mich jemand in den Arm nimmt und mir sagt, dass alles gut wird. Ich kann dir sagen, eine Lebensmittelvergiftung im Flugzeug ist das Letzte, was man gebrauchen kann.

Hilfe bekam ich schließlich von den netten Flugbegleiterinnen. Sie hätten mir nur zu gern einen Platz in der Businessclass gegeben, doch diese war voll besetzt. Ich bat sie, mir mehrere Decken zu geben, und fragte, ob es okay wäre, wenn ich mich vor die Toiletten legen würde. Ja, vor die Toiletten! So fertig war ich. Ich wollte nur noch liegen, egal, wo. So fand ich endlich Schlaf auf dem harten Boden vor den Flugzeugtoiletten. Und es war mir egal. So wie es auch Luc egal gewesen war, was mit mir war. Ich wusste, dass er es eklig fand. In diesem Zustand passte ich nicht in das Bild einer Trophäenfrau. Trophäenfrau, dieses Wort tat mindestens genauso weh wie die Kopfschmerzen, die mich nun auch noch plagten.

Über drei Stunden lag ich dort auf dem dreckigen Boden. Luc kam in dieser Zeit kein einziges Mal vorbei, um nach mir zu sehen. Als wir endlich in den Sinkflug gingen und ich zurück an meinen Platz musste, hatte ich sogar das Gefühl, mich bei ihm entschuldigen zu müssen. Luc distanzierte sich von mir. Natürlich war es nicht gerade hygienisch. Ich hatte am Boden gelegen und mich mehrmals übergeben. Doch in diesem Moment wurde mir endgültig klar, dass er mich nie im Leben wirklich lieben konnte. Denn wer liebt, der übersieht all das und kümmert sich in so einer Situation um den anderen – genauso wie ich mich vor dem Abflug um ihn gekümmert hatte.

Endlich landeten wir und stiegen aus. Schon allein das Aussteigen kostete mich eine enorme Kraft und ich befürchtete, jeden Moment zusammenzuklappen. Mit Mühe und Not schaffte ich es, meinen Koffer vom Gepäckband zu nehmen. Und ausgerechnet an diesem Tag zogen sie mich bei der Sicherheitskontrolle heraus. Ich sagte zu der Dame: „Entschuldigen Sie, aber bitte machen Sie schnell. Ich habe eine Lebensmittelvergiftung und breche gleich zusammen." Sie war sehr freundlich und schrieb etwas auf einen Zettel, den sie mir in die Hand drückte: „Holen Sie sich das bei der Apotheke gleich hier ums Eck."

In dem Moment wusste ich noch nicht, dass sie mir damit einen riesigen Gefallen getan hatte. Das Medikament wirkte unglaublich gut, dennoch war ich sehr schwach auf den Beinen. Wir standen am Ausgang des Flughafens und ich blickte Luc Hilfe suchend an: „Ich schaffe es nicht mehr, in diesem Zustand nach Hause zu fahren." Doch statt der erhofften Hilfe bekam ich eine Antwort, die liebloser nicht hätte sein können: „Was willst du jetzt machen?"

Ich bin es gewohnt, mich um mich selbst zu kümmern, und will niemandem zur Last fallen – selbst in dieser Situation wollte ich es nicht. Also sagte ich: „In dem Fall werde ich mir hier am Flughafen ein Hotelzimmer nehmen müssen." „Gut", war seine Antwort. „Ich muss nach Hause, ich habe Business zu erledigen." Für mich hatte er sich mit dieser Reaktion endgültig ins Aus geschossen. Ein Mann, der dich krank liegen lässt, ist kein Mann, mit dem du durch gute und schlechte Zeiten gehen möchtest. Das hatte ich nun endlich begriffen. Und vielleicht hat es diese Lebensmittelvergiftung genau dafür gebraucht.

Ich schleppte mich zu einem Hotel, das direkt am Flughafen war. In dem Moment war mir egal, was es kosten würde. Ich wollte nur noch liegen und schlafen. Innerlich schrie ich zu Gott. Zwar war das körperliche Leiden gerade so groß, dass es den emotionalen Schmerz verdrängte, doch ich wusste, dass mich Letzterer sehr bald wieder einholen würde. Dennoch spürte ich in diesem Moment intensiv, dass Gott uns immer, immer begleitet und im Blick behält, auch wenn wir das Gefühl haben, dass er meilenweit entfernt ist.

> „Ob ich sitze oder stehe – du weißt es, aus der Ferne erkennst du, was ich denke. Ob ich gehe oder liege – du siehst mich, mein ganzes Leben ist dir vertraut. Schon bevor ich rede, weißt du, was ich sagen will. Von allen Seiten umgibst du mich und hältst deine schützende Hand über mir." *(Psalm 139, 1–5)*

Ich fand online ein erstaunlich günstiges Angebot für das Hotel, in das ich mich gerade schleppte, was für mich ein erster Wink vom Himmel war. Beim Check-in erhielt ich zu meiner ohnehin schon günstigen Rate gleich noch ein Upgrade. Ich kam in mein Zimmer und schaffte es nicht einmal mehr zu duschen. Nachdem ich mich noch einmal übergeben hatte, fiel ich ins Bett und schlief bis um halb drei Uhr morgens. Tat das gut!

Als ich aufwachte, knurrte mein Magen heftig und mein Körper signalisierte mir deutlich, dass er wieder etwas Energie brauchte. Ich fragte mich, wo ich mitten in der Nacht etwas zu essen herbekommen könnte. Ich rief die Rezeption an und bekam zur Antwort: „Machen Sie sich keine Sorgen, wir sind gleich bei Ihnen!" Als ein freundlicher Herr ein paar Minuten später vor meiner Tür stand, mit einem großen Tablett voller Zwieback, Knäckebrot und reichlich Tee, wollte ich ihn am liebsten umarmen. Ich war so dankbar.

Ich fühlte mich so geliebt. Geliebt und umsorgt – von diesen lieben Menschen und vor allem von diesem liebenden Gott: „Egal, was Sie brauchen, melden Sie sich, wir kommen sofort. Und morgen früh gehen Sie erst einmal schön frühstücken, das geht dann natürlich aufs Haus", sagte der Herr mit einem freundlichen Lächeln. Ich war überwältigt, so nah war mir Gott! Es tat einfach nur gut.

So fiel ich nochmals in einen tiefen Schlaf und wachte erst am frühen Nachmittag wieder auf. Meine Familie hatte mir bereits besorgte Nachrichten auf dem Handy hinterlassen. Sie selbst organisierten gerade eine große Veranstaltung und waren somit voll eingespannt, weswegen mich keiner abholen konnte. Ich war immer noch schwach und nicht in der Lage, selbst nach Hause zu fahren. Luc wollte ich erst gar nicht fragen, nachdem er sich nicht einmal nach mir erkundigt hatte. Nach einem weiteren Brechanfall zückte ich mein iPhone und tippte zögerlich und erschöpft: „Ich brauche Hilfe." Diese Nachricht ging an Daniel. Den Mann, mit dem ich eigentlich nicht mehr reden „durfte". Und obwohl er eine Stunde fahren musste und es auch noch sein Geburtstag war, stand Daniel kurze Zeit später vor mir. Ich sah aus und fühlte mich wie eine lebendige Leiche, viel zu verlieren hatte ich also nicht mehr.

....

Ich war überwältigt von dieser Geste der Freundschaft und fragte mich, wie ich es hatte zulassen können, dass uns jemand diese wertvolle Freundschaft zerstören konnte. Während ich erneut mit der Übelkeit kämpfte und Daniel mir zur Seite stand, schossen mir die Tränen in die Augen. Ich drehte mich zu ihm und fragte: „Wieso? Wieso tust du das für mich?" Seine Antwort kam wie aus der Pistole geschossen:

> „Der ohne Sünde ist, werfe den ersten Stein."
> *(Johannes 8,7)*

Mir wurde endlich klar, dass das eine Freundschaft war, die man nicht so leicht findet – eine bedingungslose. Eine Freundschaft, in der ich hundertprozentig ich selbst sein konnte. Ob gestylt auf der Bühne oder leichenblass, krank und ungeschminkt in diesem Hotelzimmer.

> „Wenn ich in allen Sprachen der Welt, ja, mit Engelszungen reden kann, aber ich habe keine Liebe, so bin ich nur wie eine dröhnende Pauke oder ein lärmendes Tamburin. ... Liebe ist geduldig und freundlich. Sie ist nicht verbissen, sie prahlt nicht und schaut nicht auf andere herab. Liebe verletzt nicht den Anstand und sucht nicht den eigenen Vorteil, sie lässt sich nicht reizen und ist nicht nachtragend. Sie freut sich nicht am Unrecht, sondern freut sich, wenn die Wahrheit siegt. Liebe ist immer bereit zu verzeihen, stets vertraut sie, sie verliert nie die Hoffnung und hält durch bis zum Ende. Die Liebe wird niemals vergehen."
> *(1. Korinther 13, 1 + 4–8)*

Wir hören diese Verse oft auf Hochzeiten. Doch sie sollten auch eine große Rolle in unseren Freundschaften, in Familien und in einfach allen Beziehungen in unserem Leben spielen. Lies dir diese Verse gern noch einmal durch und dann frage dich selbst: Bin *ich* geduldig und freundlich? Suche *ich* den eigenen Vorteil? Bin *ich* nachtragend? Bin *ich* immer bereit zu verzeihen? Nur wenn ich all das bejahen kann, beziehungsweise darum bemüht bin, mit Gottes Hilfe so zu lieben, kann ich eine gute Partnerin, eine gute Freundin, eine gute Tochter sein. An diesem Tag hatte mir Daniel mit seiner selbstlosen und keinerlei nachtragenden Art die Augen dafür geöffnet, wie gut es tut, wenn man so viel Liebe empfängt, wo man eigentlich hätte „verurteilt" werden sollen. Diese Liebe können wir von Gott erbitten und empfangen, der selbst die Liebe ist!

Ich weiß, dass es nicht immer leicht ist, so zu lieben. Doch ich erinnere mich immer an die Geschichte von Ian McCormack. Wenn du noch nicht von ihm gehört hast, dann google ihn gern mal. Er hat eine unglaubliche Erfahrung gemacht und ist schon einmal im Himmel gewesen. Ich kenne ihn persönlich und habe schon mehrmals seiner Geschichte gebannt zugehört. Er berichtet, wie ihm, als er dieser großen göttlichen Lichtgestalt immer näher kam, alle seine Sünden eingefallen seien. „Aber, Gott, ich habe doch dieses und jenes getan, wie kannst du mich annehmen?", habe er ihn gefragt. Und auf alle seine einzeln aufgezählten Sünden antwortete Gott ihm mit einem weiteren Schub Liebe. Wieso? Weil Gott genau so ist. Er ist die Liebe. Und er liebt es, zu vergeben, wenn wir mit unseren Sünden zu ihm kommen.

Und so geschah etwas Wundervolles dadurch, dass Daniel mir mit genau dieser Liebe entgegentrat, als ich sie am wenigsten verdient hatte. Unsere Freundschaft wurde nicht nur heil, sondern wurde zu einer noch tieferen Verbindung, verankert in der Vergebung und Liebe Gottes:

> „Wer über die Fehler anderer hinwegsieht, gewinnt ihre Liebe; wer alte Fehler immer wieder ausgräbt, zerstört jede Freundschaft." *(Sprüche 17,9)*

Während ich die Verbindung zu Daniel nun wieder aufgenommen hatte, brach ich die Verbindung zu Luc ab. Nachdem ich ein paar Tage später wieder zu Kräften gekommen war, teilte ich ihm noch einmal meine ganze Enttäuschung und meinen ganzen Schmerz mit. Das Gespräch endete schließlich damit, dass es so einfach keinen Sinn mehr mit uns machte.

10. Kompletter Zusammenbruch

Gib deinem Schmerz Raum und Zeit

Das Ende meiner Beziehung war der Anfang meines kompletten Zusammenbruchs, meiner tiefsten Depression. Was ich nun beschreiben werde, ist etwas, das ich niemals von mir selbst erwartet hätte. Etwas, das mich so aus der Bahn geworfen hat, dass ich glaubte, für immer am Boden zerstört zu bleiben. Ich hatte das Gefühl, die gesamte Kontrolle über mein Leben verloren zu haben. Jegliche Lebensfreude, jeglicher Lebensmut hatten mich verlassen. Ich hatte nicht einmal mehr die Kraft, meinen Alltag zu meistern. Alles, was mich früher ausgemacht hatte, existierte plötzlich nicht mehr.

Ich habe mich entschieden, über diese Zeit zu sprechen, weil ich überzeugt davon bin, dass es sehr vielen Menschen schon einmal genauso ging oder immer noch geht. Und es hat nichts damit zu tun, ob du eine erfolgreiche Unternehmerin, eine junge Schülerin, Studentin, Singlefrau, Mutter oder Großmutter bist; treffen kann es jede! Es fühlt sich so an, als hätte man dir von heute auf morgen den Stecker gezogen und alles, was dir vorher so leichtgefallen ist und dir Freude gemacht hat, fällt dir auf einmal nicht nur schwer, sondern erscheint dir schlichtweg nicht mehr zu bewältigen.

Das wahre Ausmaß dieser Trennung begriff ich erst nach und nach. Denn zuerst fehlte Luc mir einfach nur. Als er nur zwei Tage, nachdem es zwischen uns vorbei war, sämtliche Fotos von uns aus den sozialen Medien entfernt hatte, war das jedoch ein Schlag ins Gesicht. Wie konnte er so schnell mit uns abschließen? Als hätte ich in seinem Leben nie existiert! In meiner Verzweiflung schrieb ich ihm eine WhatsApp und fragte ihn genau das. Zur Antwort erhielt ich: „Es tut zu weh, die Bilder zu sehen." Diese Antwort konnte ich nachvollziehen. Den wahren Grund erfuhr ich erst später. Erneut wurde mir schmerzhaft bewusst, wie sehr ich an diese Liebe geglaubt hatte. Ich hatte alles, aber wirklich alles, auf eine Ehe mit ihm abgestimmt. Selbst der neu bestellte Schrank stand noch in Kartons eingepackt vor meiner Wohnung. Dabei war inzwischen fast ein Jahr vergangen, seitdem ich ihn gekauft hatte.

Ich hatte meine Familie in den letzten Monaten kaum gesehen, da ich viel mehr Zeit mit Luc und seiner Familie verbracht hatte. Meine Musik, meine Auftritte, all das gab es kaum noch. Jetzt war ich wieder allein und mein Leben fühlte sich auf einmal so leer an. Mein sonst so voller Terminkalender war plötzlich erschreckend überschaubar geworden. Luc wollte mehr Zeit mit mir verbringen und ich hatte Platz gemacht für ihn. Sonst rannte ich an jedem freien Tag ins Studio, um weiter an meinem Traum zu arbeiten, doch bei Daniel hatten in der Zwischenzeit andere Künstler meine Studiozeiten eingenommen. Obwohl wir uns versöhnt hatten, stand das Thema Zusammenarbeit außerdem noch nicht wieder zur Diskussion. Ich konnte das gut nachvollziehen. Alles schien mir entglitten zu sein.

Freunde aus der Kirche in der Schweiz, in der ich die Lobpreisband coachte, bemerkten schnell, dass es mir nicht gut ging. Die sonst so lebensfrohe Déborah war plötzlich still geworden. Still und traurig. Die Déborah, die sonst einen Witz nach dem anderen riss, blickte nun verdächtig oft ins Leere. Mir war alles zu viel geworden. Jede neue Idee, jedes „Extra" an Arbeit löste einen riesigen Stress in mir aus. Immer wieder drängten mich meine Freunde, doch einen Arzt aufzusuchen, was ich überhaupt nicht verstand. Ich war doch nicht krank!

Sonntags leitete ich weiterhin die Lobpreiszeit. Es war verrückt: Ich fühlte mich so leer und zerbrochen, doch gerade in dieser Zeit erlebte ich die tiefsten Momente in der Musik, denn ich klammerte mich selbst an jedes einzelne gesungene Wort. Lobpreis hat so eine Macht – insbesondere dann, wenn es dir schlecht geht. Ich weiß, dass es genau dann schwerfällt, sich für Lobpreismusik zu entscheiden, doch manchmal muss man sich dazu zwingen und du wirst sehen, wie gut es dir tun wird. Genauso ist es auch andersherum: Es kann dir nicht guttun und sogar gefährlich sein, wenn du dir Songs im Radio anhörst, deren Texte unter die Gürtellinie gehen und den Wert der Frauen zerstören, oder aber Lieder, die dir eine Hoffnungslosigkeit vermitteln und dich so noch tiefer in die Depression hineinziehen. Ich kann mich nur wiederholen:

> „Worte haben Macht: sie können über Leben und Tod entscheiden." *(Sprüche 18,21)*

Das gilt auch für die Worte, die wir über die Musik in unser Herz lassen. Entscheide deshalb weise, was du dir wann anhörst.

Es fiel allen auf, dass ich nicht mehr die Freude in mir trug, die man sonst von mir kannte. Die Déborah, die sonst immer ein Lächeln auf den Lippen hatte, kämpfte nun konstant mit den Tränen und rannte immer wieder auf die Toilette, um sie zu verstecken. Und das war erst der Anfang. Wenn ich nach den Gottesdiensten nach Hause kam, brach ich jedes Mal in meiner Wohnung zusammen. Dann lag ich stundenlang auf dem Boden und schaffte es nicht mehr aufzustehen. Es ging einfach nicht mehr. Ich lag da und weinte bitterlich. Irgendwie schaffte ich es dann, mich bis ins Wohnzimmer zu schleifen, wo meine Bibel lag. Ich schrie zu Gott. Und ich wusste, dass ich wie um die Weihnachtszeit, nach unserer ersten Trennung, Trost in den Psalmen finden würde.

König David, der diese geschrieben hatte, war selbst ein Chaot und trotz all seiner Fehler rannte er immer wieder bettelnd und flehend und voller Vertrauen zu Gott. Das hatte mich schon immer beeindruckt und ermutigt. David hat nie daran gezweifelt, dass Gott ihn wieder aus dem tiefsten Loch herausholen würde, und ich brauchte jetzt seine Zuversicht und seine hoffnungsvollen Worte, denn mir selbst fehlte beides. So schrie ich die Worte Davids in meiner Wohnung laut aus und machte sie zu meinen eigenen:

> „Nur bei dir, Herr, finde ich Schutz, darum rufe ich zu dir. Hülle dich nicht in Schweigen! Wenn du mir die Hilfe verweigerst, werde ich bald sterben und unter der Erde liegen." *(Psalm 28,1)*

> „Höre mich, Herr, wenn ich rufe! Hab Erbarmen mit mir und antworte! Denn ich erinnere mich, dass du gesagt hast: ‚Suchet meine Nähe!' Das will ich jetzt tun und zu dir beten." *(Psalm 27,7-8)*

> „Ich aber vertraue darauf, dass ich am Leben bleibe und sehen werde, wie gut Gott zu mir ist." *(Psalm 27,13)*

All das rief ich von meinem Fußboden aus in Richtung Himmel. Diese Phase hielt eine ganz Zeit lang an. Ich hatte nur eine Teilzeitanstellung in der Kirche in der Schweiz und musste somit nur sonntags und montags „funktionieren". Den Rest der Woche hatte ich nun weder Auftritte noch Studiozeiten, geschweige denn irgendeinen großen Traum, in den ich mich voll investieren konnte. So lag ich wochenlang zu Hause und bewegte mich nur zwischen Fußboden und Bett. Weinend und schreiend. Zwischendurch las ich immer wieder in der Bibel oder schaute mir sinnlose Serien im Fernsehen an. Ich wollte einfach nur überleben.

Meine Mutter meldete sich regelmäßig, doch ich wollte keinen Besuch. Ich wollte so nicht gesehen werden und hatte auch keine Lust darauf, mit irgendjemandem zu reden. Allerdings zwang ich mich fast täglich, ins Fitnessstudio zu gehen, was sehr gut war. Dort kannte ich niemanden und war nur für mich in den Kursen. Mein Inneres wollte ich mit dem Wort Gottes zusammenhalten und durch den Sport achtete ich darauf, körperlich nicht alle Kraft zu verlieren. Gleichzeitig konnte ich hier meinen Frust herauslassen, was ebenfalls sehr guttat. Am liebsten ging ich wieder ins Boxen.

Doch trotz allem schien ich nicht aus diesem Loch herauszukommen. Ich wurde wahnsinnig, wenn ich eine neue Mail in meinem Postfach sah, denn ich hatte keine Kraft, um zu antworten. Selbst Anfragen von Veranstaltern stressten mich und so ignorierte ich sie einfach. Eine ganze Tournee in Frankreich ging mir dadurch flöten. Das hätte die gesunde Déborah niemals zugelassen. Auch wenn es nur eine einfache Frage war, die mich per WhatsApp erreichte, drehte ich durch und mein Herz fing an, wie wild zu rasen.

Dieses Herzrasen war plötzlich mein ständiger Begleiter und es wurde gerade nachts sehr anstrengend. Ich lag im Bett und spürte mein Herz auf der Matratze, weil es so fest schlug. Fest und viel zu schnell. Das machte mir große Angst. In manchen Nächten fragte ich mich, ob ich morgens wieder aufwachen würde – sofern ich es überhaupt schaffen würde einzuschlafen. Denn abends lag ich im Bett und schaute mir stundenlang unsere gemeinsamen Fotos auf meinem iPhone an. Und dann folgten die vielen Fragen. Ich verstand es einfach nicht. Wie konnte er mir erst einen Heiratsantrag machen und mir kurze Zeit später sagen, dass er mich eigentlich gar nicht wirklich liebte? Mein Herz schmerzte und meine Gedanken überschlugen sich, während ich wach im Bett lag.

Irgendwann fing ich an, Schlaftabletten zu nehmen. Sie bewirkten nichts. Gar nichts. Und mein Herz raste weiter. Wenn ich dann doch irgendwann in den frühen Morgenstunden einschlief, hatte ich so heftige Albträume, dass ich nass geschwitzt wieder wach wurde. Wochenlang ging das so. Natürlich blieb dieser Zustand nicht ohne Folgen. Es ging mir immer schlechter. Ich wurde unkonzentrierter und schwächer. Jede Aufgabe, die ich zu erledigen hatte, auch wenn es nur das Wäschewaschen war, wurde mir zu viel.

Eines Morgens hatte ich meinen schwachen Körper bis zu meinem Liegestuhl auf dem Balkon geschleppt und las in der Bibel. Ich hatte vergessen, dass mein Handy auf meinen Beinen unter der Bibel lag. Als ich aufstand, rutschte es auf den Boden und von dort aus die zwei Stockwerke hinunter auf den harten Beton. Ich hörte einen Knall und wusste: Mein Handy war zerstört. Hastig rannte ich die Treppen runter und hoffte, es würde vielleicht doch noch angehen. Aber alles, was ich sah, waren mein zerbrochenes iPhone und viele kleine Splitter.

Ich sprang ins Auto und fuhr in eine Handywerkstatt. Und wie es so ist, wenn man im Stress ist, verpasste ich die Ausfahrt auf der Autobahn. Da passierte es: Ich schrie wie eine Verrückte in meinem Auto, fluchte, schimpfte und sagte Dinge, von denen ich nicht mal wusste, dass sie in mir waren. Dann weinte ich so heftig, dass es mich am ganzen Körper schüttelte. Ich war schockiert über mich selbst. Was war da gerade passiert? Und wer war diese Déborah? Ein Blick in den Spiegel und ich sah ein mir fremdes Gesicht mit dicken Augenrändern und leeren Augen. So konnte das nicht weitergehen!

Als ich am Wochenende wieder bei mir in der Kirche in der Schweiz war, nahm mich einer der Pastoren zur Seite und fragte, ob ich denn endlich einen Termin beim Arzt gemacht hätte. An diesem Tag spürte ich selbst, dass ich das tun sollte. So saß ich sehr bald in der Praxis dieses Arztes, den ich vorher nicht gekannt hatte. Mein Ziel war es, etwas für meine Herzbeschwerden zu bekommen, damit ich endlich wieder schlafen konnte. Mein Plan stand fest, ihm sonst keine Schwäche zu zeigen. Denn ich wollte nicht als „labil“

oder „schwach“ abgestempelt werden. Schließlich bin ich Déborah Rosenkranz, die Frau, die bekannt dafür ist, endlos Power zu haben.

Der Arzt ließ mich in Ruhe aussprechen und meine verschönte Version erzählen. Doch dann stellte er mir ein, zwei Fragen und mein Kartenhaus brach zusammen. Er sah durch die Fassade hindurch und sagte genau die richtigen Dinge. Als er sagte: „Du brauchst eine Auszeit!“, fand ich tausend Gründe, weshalb das nicht gehen würde.

„Ich habe in vier Wochen noch eine Predigt bei uns in der Kirche, die muss ich vorbereiten“, versuchte ich ihn zu überzeugen. Das müsste er als Grund verstehen, schließlich war er in der Gemeindeleitung dieser Kirche und wurde mir deshalb von meinem Pastor empfohlen. Doch auch dieses Argument zog nicht. Stattdessen sah er mich an und sagte: „Nein, diese Predigt hast du jetzt nicht mehr. Und daran kannst du nichts mehr ändern.“ Stück für Stück nahm er alle diese kleinen Dinge aus meinem Leben, die mich jetzt so gestresst hatten, und schenkte mir damit das Wichtigste: Zeit.

Ich verließ die Arztpraxis mit einer sechswöchigen Krankmeldung in der Hand. Kaum saß ich in meinem Auto, fing ich an zu weinen. Und es war dieses Mal nicht aus Traurigkeit. Es war ein befreites Weinen. Der Arzt hatte mich verstanden und mir den Druck genommen. Ich würde die nächsten Wochen einfach nur sein dürfen. Außerdem hatte es mir jemand von außen bestätigt, dass es in Ordnung war, eine Zeit lang zu trauern, zu leiden, wütend zu sein und alle diese Emotionen herauszulassen.

....

Ab diesem Tag begann ein ganz neuer innerlicher Prozess. Einerseits wollte ich wieder gesund werden, andererseits war ich seelisch so geschwächt, dass ich nicht wusste, wo ich anfangen sollte. Mein Handy war immer noch in Reparatur und wie es aussah, war da auch nichts mehr zu retten. Ich ärgerte mich maßlos darüber, denn all unsere gemeinsamen Fotos befanden sich darauf. All meine Erinnerungen an Luc. In dem Moment war das ein großer Schmerz für mich. Doch im Nachhinein muss ich sagen, dass es das Beste war, das mir hätte passieren können. Alle Fotos, alle Erinnerungen – gelöscht. Das hatte mir einige Stunden des Selbstmitleides erspart. Wenn du keine Bilder hast, die die alten Erinnerungen immer wieder hervorholen, kannst du viel schneller wieder gesund werden.

Von allein hätte ich es jedoch nie geschafft, auf „Löschen" zu drücken. Somit hat mir Gott einen Gefallen damit getan, als mein Handy vom Balkon fiel – auch wenn ich das in diesem Moment absolut nicht so sehen konnte. Doch selbst zu biblischen Zeiten haben die Menschen nicht immer gleich verstanden, was Jesus tat.

> „Das verstehst du jetzt noch nicht. Aber später wirst du es verstehen." *(Johannes 13,7)*

Genau so ist es auch mir damals ergangen. Heute verstehe ich. So saß ich wieder auf meiner Couch und die Decke fiel mir auf den Kopf. Ich ertrug es nicht länger, daheim zu sein. Die vielen schlaflosen Nächte, das Herzrasen, die Gedanken und Erinnerungen – all dem wollte ich entfliehen. Ich wollte weg. Ganz liebe Freunde von mir hatten mir angeboten, in ihr Apartment nach Südfrankreich zu gehen. Die Gegend dort war von Kind auf wie mein zweites Zuhause gewesen. Doch obwohl ich unbedingt dorthin wollte, fehlte mir die Kraft, mich in mein Auto zu setzen und loszufahren. Fast acht Stunden Fahrt erschienen mir unvorstellbar, obwohl ich mein halbes Leben auf der Straße verbracht habe und eigentlich sehr gern Auto fahre. Doch jetzt hatte ich wochenlang nicht mehr richtig geschlafen, war depressiv und stand kurz vor dem kompletten Burn-out.

Ich brauchte mehrere Anläufe, mehrere Tage, bis ich tatsächlich losfuhr. Der Kopf schwer, das Herz gebrochen und der Körper schwach von all dem Weinen. Doch ich fuhr los. Die ersten Stunden verbrachte ich mit Weinen. Es war ein seltsames Gefühl auf der Straße zu sein, nur mit sich selbst, ohne Onlineverbindung zu irgendjemand anderem. Wieder einmal schrie ich zu Gott, ließ meiner Wut freien Lauf und sagte ihm alles, was mir auf dem Herzen lag.

Je näher ich dem Süden kam, desto besser ging es mir. Ich wusste, die Kindheitserinnerungen, die ich mit diesem Ort verband, und die Sonne würden mir guttun. Bevor ich in meiner Ferienwohnung ankam, die sich direkt am Meer befand, hielt ich noch an einem der Obststände direkt an der Straße und kaufte mir meine geliebten Melonen. So kam ich an, ohne zu wissen, wie lange ich dort bleiben würde.

Der erste Tag fing schon einmal schlecht an. Ich hatte seit der Fahrt fürchterliche Zahnschmerzen, sodass ich mir sicher war, Löcher zu haben. Ausgerechnet jetzt! Online suchte ich nach einem Zahnarzt, doch so kurzfristig hatte natürlich keiner einen Termin für mich frei. So fuhr ich ein ganzes Stück zu dem einzigen Zahnarzt, der mich zwischen zwei Termine schieben konnte, denn die Schmerzen waren kaum auszuhalten. Meinen ersten Tag in Südfrankreich hatte ich mir definitiv anders vorgestellt. Zu meiner Freude und Überraschung hatte ich allerdings keine Löcher, obwohl der Schmerz so real und stark war. Der charmante französische Arzt erklärte mir, dass die Schmerzen vom Stress kämen und mit meiner aktuellen Situation zu tun haben würden. Nachdem er keine körperliche Ursache gefunden hatte, hatte er mich zuvor gefragt, wie es mir psychisch ging. Er verschrieb mir Kortison, um nicht so leiden zu müssen. Unglaublich, wenn man überlegt, wie der ganze Körper „mitleidet", wenn die Seele schmerzt.

Die ersten Tage an diesem schönen Ort fielen mir dennoch sehr schwer. Ich weinte mich nach wie vor in den Schlaf, wenn ich überhaupt irgendwann einschlief, und fühlte mich nach wie vor einfach nur leer. Morgens zog ich mir einen Bikini an und schleppte mich die 50 Meter an den Strand. Ich hatte dort schon „meinen“ Liegestuhl, denn nach all den Malen, die ich schon dort gewesen war, kannte man sich und wusste, wer wo am liebsten lag.

Ich begrüßte die Kellner, die ich sehr mochte, und legte mich in die erste Reihe mit freier Sicht aufs Meer. Schnell bekam ich den ersten Drink spendiert. Ich will nicht sagen, dass mir das noch nie passiert ist, doch in dieser Zeit erlebte ich es ungewöhnlich oft. Das Letzte, was ich in diesen Tagen wollte, war jedoch beachtet, geschweige denn angesprochen zu werden! Denn ich war sauer auf die Männer. In mir waren Gedanken, die ich vorher nicht gekannt hatte. Ich hatte das Gefühl, nie wieder einem von ihnen trauen zu können. Und das machte mir gleichzeitig Angst. Statt mich über die Drinks zu freuen, kullerten weitere Tränen hinter meiner großen Sonnenbrille hervor.

Abends lief ich durch die warme Sommerluft. Es tat gut, nicht einfach nur in meiner Wohnung festzusitzen, sondern sich etwas ablenken zu können. Da rannte mir ein junger Mann hinterher und ich warf dem Armen die unfairsten Dinge an den Kopf. Meine ganze Enttäuschung, mein ganzer Frust und mein ganzer Schmerz landeten bei ihm. Ich merkte, wie weit ich davon entfernt war, gesund zu sein.

Meine Eltern und mein ältester Bruder reisten kurze Zeit später an. Sie übernachteten zwar woanders, doch wir trafen uns tagsüber am Strand. Zuerst ärgerte ich mich darüber, denn ich wollte meine Ruhe. Doch vom ersten Tag an änderte sich meine Meinung. Es tat so gut, dass sie da waren! Wir konnten in aller Ruhe über all das Geschehene sprechen – nicht am Wohnzimmertisch, sondern hier, in der prallen Sonne, auf den Liegestühlen, mit einem erfrischenden Getränk in der Hand.

Ich konnte mich wie ein kleines Mädchen in die Arme meiner Eltern fallen lassen und weinen. Sie schafften es sogar, mich zwischenzeitlich zum Lachen zu bringen. Und je mehr ich über alles sprach, desto freier wurde ich, desto leichter wurde mein Herz. Ich fühlte mich geliebt, bedingungslos. Ich wusste, ich war vorbehaltlos angenommen, egal, in welchem Zustand ich gerade war. Völlig unabhängig von meinem Aussehen und meinem Tun wurde ich einfach nur geliebt. Ich hatte fast vergessen, wie sich das anfühlte. Ich spürte die Worte Gottes in mir lebendig werden, die ich in jener Zeit oft las:

> „Ich habe euch schon immer geliebt, darum bin ich euch stets mit Güte begegnet. Ich baue dich wieder auf!"
> *(Jeremia 31,3–4)*

Ich sehnte mich danach, „wiederaufgebaut" zu werden. So sog ich die Liebe meiner Familie förmlich in mich auf und genoss die Zeit mit ihnen ganz besonders, zumal sie nur ein paar Tage bleiben konnten und ich bald wieder allein sein würde. *Ich möchte dich dazu ermutigen, dir Hilfe zu holen, wenn du eine schwere Situation durchmachst!* Mir ist durchaus bewusst, dass ich mit einer tollen Familie beschenkt worden bin und dass es viele Menschen gibt, die von so einer Familie nur träumen. Wenn es dir so geht, dann sei nicht zu stolz, dir an anderer Stelle Hilfe zu holen – bei einem Pastor, einem Therapeuten oder vielleicht auch erst mal nur bei einem guten Freund. Und nimm dir die Zeit, die du brauchst, um gesund zu werden, vielleicht auch, um in eine Klinik zu gehen, wenn das gerade für dich dran ist. Vergiss nicht: *Du* bist es wert!

....

Auch in Südfrankreich ging ich jeden Morgen ins Fitnessstudio. Ich liebte die Stimmung dort. Es war ganz anders als bei mir zu Hause, denn man hatte das Gefühl, die Menschen gingen nur zum Reden dorthin. Jeden Morgen traf ich die gleiche Truppe älterer Herren und Damen, die sich immer riesig freuten, mich zu sehen. Zur Begrüßung gab es stets drei Küsschen, ob verschwitzt oder nicht, das spielte hier keine Rolle. Dann wurde laut erzählt und gelacht.

Es klingt nach keinem großen Geheimnis, dennoch ist es in einer Zeit, in der es dir nicht gut geht, sehr schwierig, sich daran zu halten: *Umgib dich mit positiven, lustigen Menschen, auch wenn dir kein bisschen danach zumute ist. Das ist so wichtig!*

Und auch wenn du nur dabeisitzt und nicht einmal wirklich am Gespräch teilnimmst, unterbewusst berührt es deine verletzte Seele und zeigt dir, dass es auch noch ein „anderes" Leben gibt. Und so genoss ich die Zeit morgens immer. Ich rannte auf meinem Laufband und hörte dabei Musik mit starken, positiven Aussagen. Lieder, die mich nicht nur schneller rennen ließen, sondern auch durch ihre Inhalte wiederaufbauten. Gleichzeitig bekam ich dadurch tausend neue Ideen für eigene Songs. Immer wieder musste ich das Laufband stoppen und mir Notizen machen. Das fanden alle um mich herum sehr lustig.

Eine Dame fiel mir dort besonders auf. Sie war schon etwas älter, doch man sah, dass sie großen Wert auf ihr Äußeres legte. Blond, selbst beim Sport perfekt geschminkt und ein riesiges Strahlen im Gesicht. Ich war sehr beeindruckt von ihr. Jeden Tag grüßten wir uns herzlich, doch an diesem Morgen schien sie bedrückt zu sein. Da erzählte sie mir ihre Geschichte von ihrem wunderschönen Leben mit ihrem Mann und wie sie von ihrer gemeinsamen Rente in Südfrankreich geträumt hatten. Sie hatten sich hierfür extra ein Häuschen gekauft. Doch eines Tages explodierte etwas in ihrem Kamin und nahezu ihr ganzer Körper erlitt schwere Verbrennungen. Ihr Mann verließ sie und heiratete eine jüngere Frau, so stand sie nun allein da. Dass sie nach all dem depressiv wurde, ist mehr als verständlich.

Die Geschichte traf mich mitten ins Herz. Diese Frau hatte alles verloren und musste so viele emotionale *und* körperliche Schmerzen erleiden, doch sie hatte sich trotz allem entschieden zu kämpfen. So fand sie den besten Arzt in Deutschland, zog dorthin, ließ sich mehrmals operieren und trainierte von da an täglich. Und tatsächlich: Man konnte ihr die Verbrennungen nicht mehr ansehen! Hätte sie nichts gesagt, wäre es mir nicht einmal aufgefallen. Sie sagte zu mir: „Weißt du, du bist mir gleich aufgefallen, weil du hier so hart trainierst und jeden Tag so viel läufst. Ich war auch mal so. Aber heute kann ich nicht mehr. Ich darf nur noch langsam machen. Vieles weiß man erst zu schätzen, wenn man alles verloren hat." Nachdenklich ging ich an diesem Tag nach Hause. Waren meine Probleme wirklich so groß? Wenn diese Frau es geschafft hatte, wieder glücklich zu werden, dann würde ich es doch auch schaffen können! Außerdem war ich überrascht, dass selbst ein Mensch, der ohne Gott lebte, so stark sein konnte.

Am nächsten Morgen traf ich sie wieder. Das erste Mal erlebte ich sie völlig geknickt. Ich ging auf sie zu und fragte, was denn los sei. Ohne zu zögern sagte sie: „Die Menschen bewundern und feiern mich, weil ich so stark bin. Weil ich so viel erreicht habe. Aus diesem Grund versuche ich jeden Tag, alle anzulächeln. Ich möchte, dass man mich für stark hält. Doch keiner weiß, dass ich mich Nacht für Nacht in den Schlaf weine und am liebsten nicht mehr leben würde." Diese Frau trug eine Maske. Eine strahlende Maske, die selbst mich getäuscht hatte. *Ihr fehlte wohl doch das Wichtigste: die Gewissheit, dass sie nicht allein stark sein muss.* Ihr fehlte diese innere Stärke, die nur Gott schenken kann. Es gibt einen Weg, der viel einfacher ist, als allein zu versuchen, immer stark zu sein. Und auf diesen Weg möchte Gott sich mit uns machen! Arme Frau. Arme, arme, lächelnde Frau.

....

Dieses Treffen ermutigte mich nur noch mehr, diese innere Stärke durch meinen Glauben und nicht meine eigene Kraft zurückzubekommen. Ich kämpfte und bemühte mich täglich darum. Nach dem Sport hatte ich mein Ritual. Ich machte mir einen leckeren Kaffee, setzte mich auf meinen Balkon mit Meeresblick und las in der Bibel. All das tat mir sehr gut! Und mit jedem weiteren Tag spürte ich, wie langsam, aber sicher meine Kraft zu mir zurückkam. Zwar hatte ich mein Herzrasen immer noch nicht im Griff, doch ich fühlte mich etwas besser.

Der Arzt, der mich krankgeschrieben hatte, hatte mir ein Schreiben mitgegeben. Es war ein Fragebogen, den ich ausfüllen und ihm zurückschicken sollte. Wochenlang hatte ich das vor mir hergeschoben, da es mir einfach zu viel war. Nicht nur das Ausfüllen, ich hatte auch keine Kraft, zur Post zu gehen. Doch jetzt war ich endlich soweit, das zu erledigen. Es ging aufwärts. Doch genau in diesem Moment geschah es.

Eigentlich wollte ich Luc nach all der Zeit mal wieder schreiben. Ich hatte etwas Ermutigendes in der Bibel gelesen und wollte es mit ihm teilen. Ich hatte mir ein altes Ersatzhandy mitgenommen, mit dem ich zumindest im Wlan meiner Ferienwohnung wieder online gehen konnte. So suchte ich nach seinem Namen in meinem Chatverlauf, da er nach all der Zeit sehr weit nach unten gerutscht war. Wir hatten jetzt seit ein paar Wochen keinen Kontakt mehr gehabt. Und dann kam der Moment, der all meine Fortschritte schlagartig zunichtemachte! Ich fand seinen Namen und sah sein neues Profilbild – mit einer neuen Frau an seiner Seite! Eine Frau wie aus einem Hochglanzmagazin: perfekt geschminkt, jünger als ich und mit eindeutig „gemachten" Brüsten. „Die nächste Trophäe", hörte ich die Worte meiner Freunde in mir.

Ich brach auf dem kalten Fliesenboden zusammen, mit rasendem Herzen und zitternd vor Wut, Eifersucht und seelischen Schmerzen, die ich nun fast körperlich spüren konnte. Ich suchte sie auf

Instagram und es traf mich der Schlag: Sie waren keine zehn Tage nach unserer Trennung schon zusammen gewesen! Jetzt verstand ich auch, weshalb er alle unsere gemeinsamen Bilder nach nur zwei Tagen gelöscht hatte. Von wegen, es täte ihm zu sehr weh! Mein Kopf drehte sich und die Fragen überschlugen sich. War er etwa zweigleisig gefahren? Die neue Frau an seiner Seite kam aus Spanien und ich wusste, dass er in unserer ersten Trennungsphase dort gewesen war. Je weiter ich in ihrem Profil herunterscrollte, um mehr Infos zu erhalten, umso mehr tat es weh. Es gab schon so viele gemeinsame Fotos mit ihnen – von spannenden Ausflügen, vielen romantischen Dinnern am Meer und Geschenken, die er ihr gemacht hatte. Und dann entdeckte ich etwas, was meinem Herzen endgültig den K.-o.-Schlag versetzte: Sie waren sogar schon verlobt! Lucs neue Freundin trug einen Ring, der dem Ring meiner Wahl sehr ähnlich sah. Erschreckend ähnlich. Hatte er ihn doch schon für mich gekauft und dann einfach der Nächsten gegeben? Nach nicht einmal vier Wochen Beziehung?

Ich war kurz davor, ohnmächtig zu werden, und lag stundenlang auf dem Boden. In mir war nur noch Leere und eine riesige Enttäuschung. Doch dann breitete sich ein Gefühl in mir aus, dass ich vorher immer wieder zurückgedrängt hatte: das Gefühl, ausgenutzt, betrogen und belogen worden zu sein.

Es ist sehr schwer zu beschreiben, was in einem vorgeht, wenn man so etwas erlebt. Versuch es dir einmal vorzustellen: Vor Kurzem war es noch „dein Mann" gewesen. Nur wenige Monate zuvor hatte er noch deine Hand gehalten und dich gefragt, ob du lieber eine Hochzeit am Bodensee oder auf Hawaii haben wollen würdest. Und derselbe Mann lächelt dir jetzt auf den schönsten Bildern mit einer Frau im Arm zu, die unter jedes dieser Bilder schreibt: „Meine große Liebe. Ich kann es kaum erwarten, dich zu heiraten. Ich liebe dich." Bilder von den schönsten Stränden, von den beiden Champagner schlürfend, beim Shoppen und immer glücklich verliebt. Wie hatte ich mich so in Luc täuschen können? Wie hatte er mir das antun können? Wieso hatte ich das nicht kommen sehen?

Und plötzlich kamen alle diese Sätze hoch, die er beiläufig gesagt hatte, und alles machte Sinn, wenn ich seine neue Eroberung ansah. Da war diese Sache mit meinem Muttermal im Gesicht und die Frage, ob ich mir eine Schönheits-OP je vorstellen könnte. Die „Witze", die er immer über mein Alter riss: „Du bist die älteste Freundin, die ich je hatte." Er, der 14 Jahre älter war als ich, sagte das. Nur sehr selten hatte ich Komplimente von ihm bekommen wie ein einfaches: „Du siehst schön aus!". Und jetzt gab es sie: die perfekte Frau. Kein Gramm Fett am Körper. Durchtrainiert. Perfekt geschminkt und gestylt und mit gemachten Brüsten. Das muss ich erwähnen, denn sie präsentierte sie stolz auf jedem Bild. Unweigerlich fragte ich mich: „War ich wirklich mit einem Mann zusammen gewesen, der auf so etwas stand?"

Ich sah immer noch den liebevollen, charmanten Mann vor mir, mit dem ich auf der Couch gesessen und in der Bibel gelesen hatte. Den Mann, der mir manche herausfordernden Verse detailliert erklären konnte, weil er selbst Griechisch sprach. Den Mann, mit dem ich am Telefon stundenlang intensiv beten konnte. Ich verstand die Welt nicht mehr. Und wieder hörte ich in meinen Ohren die Worte meiner Freunde: „Du warst nur eine weitere Trophäe für ihn."

Meine selbstzerstörerische Neugier ließ mich weiter recherchieren. Ich versuchte mich zu erinnern, wie seine Exfreundinnen hießen, durchsuchte seinen Instagram-Account nach einem Like von einer der Frauen und fand so tatsächlich eine weitere Exfreundin. Ich war schockiert, als ich ein perfektes Model sah, das ebenfalls sichtlich stolz auf ihre Brüste war, während sie sich halb nackt im Gras räkelte. Mir stockte der Atem. Meine heile Welt war endgültig zerbrochen. Wie war ich da hineingerutscht und wieso hatten wir so eine völlig andere Beziehung führen können, wenn solche Frauen normalerweise sein „Beuteschema" waren? Wieso hatte ich all die Warnungen meiner Freunden ignoriert? Wieso hatte mich keiner aus seiner Familie oder von seinen Freunden, die auch meine geworden waren, gewarnt? Wieso hatte man es zugelassen, dass ich so kaputt gemacht wurde? Jeder hatte doch gesehen und gewusst, wie sehr ich diesen Mann liebte! Ich war fassungslos, doch wenigstens verstand ich jetzt, warum er meine Bilder so schnell entfernt hatte. So machte er es mit jeder Verflossenen. Und jede kam sich besonders und einmalig vor – bis sie ausgedient hatte und die Nächste an der Reihe war.

....

Auch diese neue Frau an seiner Seite sollte kein Jahr bei ihm bleiben. Doch das wusste ich in dem Moment natürlich noch nicht. Und wieder begann eine neue Phase meines Leidens. Die Phase, in der ich am meisten über mich selbst erschrak. Ich, die jahrelang über das Thema Identität gesprochen hatte, die so vielen Mädchen Mut zugesprochen hat, sich selbst anzunehmen und zu lieben, so wie sie sind, stürzte in einen gefährlichen Gedankenstrudel der Selbstanklage: „Du bist einfach zu hässlich und zu langweilig gewesen. Zu fett, zu untrainiert, zu undiszipliniert.“ Ich fing tatsächlich an zu glauben, dass alles, was ich bisher geglaubt hatte, falsch war.

Ja, diese Gedanken hat jede Frau einmal, doch dass *ich* sie in dieser Intensität jemals wieder haben würde, nachdem ich so viele Jahre essgestört gewesen war, das hätte ich nie für möglich gehalten. Ich fing an, mich zu dick und eklig zu fühlen. „Vielleicht hätte ich einfach nur schlanker sein sollen, dann wäre das nicht passiert?“ Solche Gedanken fanden in meinem Kopf plötzlich wieder Raum. Ich muss an dieser Stelle nochmals den Vers wiederholen, der dir in solchen Situationen in deinem Leben am besten *sofort* einfallen muss! Es ist ein innerer Kampf, den du kämpfen musst, um deinen schlechten Gedanken keinen Raum zu geben, doch wie gesagt, das kann man sich antrainieren:

„Was ich dir jetzt rate, ist wichtiger als alles andere: Achte auf deine Gedanken, denn sie entscheiden über dein Leben!" *(Sprüche 4,23)*

Wenn man mittlerweile wochenlang nicht gut geschlafen hat, kommt man jedoch auf ganz dumme Ideen. Ich weiß noch, wie schockiert ich war, als ich eines Tages im Badezimmer stand und dachte: „Du wüsstest ja noch, wie es geht …" Tatsächlich hatte ich einen Moment lang überlegt, ob ich mir wieder den Finger in den Hals stecken soll. Wie verzweifelt musste ich gewesen sein? Ich war so schockiert darüber, dass diese Gedanken überhaupt wieder zurück sein könnten, dass ich einfach nur zusammenbrach und weinte. Es war der Horror, es war fürchterlich. Ich dachte nur: „Denk an all die Mädchen, die dich zum Vorbild haben. Bleib stark – *für sie*. Und denk an deinen Schöpfer, der dich so wollte, wie du heute bist, und der nicht möchte, dass du dir etwas antust!" Ich weinte und weinte. Über mich, die ganze Situation und meinen ganzen Schmerz.

Im Nachhinein bin ich fast dankbar für diese Erfahrung. Denn sie hat mich meinen Mädchen wieder näher gebracht. Ich weiß wieder ganz genau, wie schrecklich es sich anfühlt. Wie hilflos man sich vorkommt. *Und dennoch, ganz egal, wie schwer es ist und wie zerbrochen du bist: Du kannst immer noch die Entscheidung treffen, es nicht zu tun!* Wenn du an deinem Inneren arbeitest, auch wenn du noch so kaputt bist, dann wirst du in diesen Momenten stark bleiben, in denen du früher versagt hast. Und der Schlüssel dafür ist wieder einmal: Lies in der Bibel. Erkenne deinen Wert. Ernähre dich mit der Wahrheit und du wirst auch im schwächsten Moment stark bleiben. Und wenn du aktuell mit Bulimie, mit Ritzen oder Ähnlichem zu kämpfen hast, dann möchte ich dir einen Vers mitgeben, der mir sehr geholfen hat, meinem Körper keine weiteren Schäden zuzufügen:

„Oder habt ihr etwa vergessen, dass euer Körper ein Tempel des Heiligen Geistes ist, der in euch wohnt und den euch Gott gegeben hat? Ihr gehört also nicht mehr euch selbst. Gott hat euch freigekauft, damit ihr ihm gehört; nun dient auch mit eurem Körper dem Ansehen Gottes in der Welt." *(1. Korinther 6,19–20)*

Ich habe mich damals immer daran erinnert, dass mein Körper ein Geschenk Gottes ist. Dass er ihn mir gegeben hat, weil er ihn genau so perfekt für mich fand. Und er sich wünscht, dass ich mich gut um ihn kümmere. So fiel es mir in meiner Zeit der Essstörung immer schwerer, mir den Finger in den Hals zu stecken und diesen heiligen Körper damit kaputt zu machen. Das als kleiner Einschub für dich. Zurück nach Südfrankreich.

....

Ich saß in meiner kleinen Wohnung am Meer und weinte bittere Tränen. Mein Körper war geschwächt, mein Herz raste nach wie vor wie wild und ich wusste nicht mehr, wohin mit mir. Eigentlich war ich froh, dass ich allein hier war, denn ich wollte nicht, dass jemand diese schwache Seite von mir sah. Gleichzeitig wollte ich nur noch nach Hause. Mein Plan war es doch gewesen, hier gesund zu werden! Doch jetzt merkte ich, dass ich ganz woanders ansetzen musste und es nicht an einer Ortsveränderung liegen würde, ob ich wieder heil werden würde, sondern an einer *inneren Veränderung.* Ich musste eine Entscheidung treffen. Ja, ich liebte ihn noch. Deswegen tat alles noch so unheimlich weh, auch wenn ich inzwischen klar sehen konnte, dass diese Beziehung niemals gesund für mich gewesen war und es nie geworden wäre. Leider hing ich nach wie vor an ihm, auch wenn der Zug für ein „Zurück" spätestens jetzt für immer abgefahren war.

„Ich will alles vergessen, was hinter mir liegt, und schaue nur noch auf das Ziel vor mir." *(Philipper 3,13)*

Eine Entscheidung zu treffen ist der erste wichtige Schritt. Zu mehr war ich in diesem Moment auch nicht in der Lage. Doch das, das konnte ich. Ich wollte alles vergessen, was hinter mir lag. Zwar wusste ich noch nicht, wie das gehen sollte, doch ich wusste, dass ich es schaffen *wollte.* Also setzte ich mir ein Ziel. Für einen gesunden Menschen klingt das total banal und einfach. Doch wenn du in der größten Krise deines Lebens steckst, erscheint dir jedes Ziel unerreichbar. Deshalb steckst du dir lieber erst gar keins.

So erging es mir in diesem Moment. Ich hatte kein Ziel mehr im Leben, außer seelisch irgendwie zu überleben. Denn nicht nur meine Beziehung war zerbrochen. Mein ganzes Leben war außer Kontrolle geraten. Außerdem wusste ich nicht, ob sich die Situation jemals wieder ändern würde. Wie lange hatte ich schon nicht mehr von Herzen gelacht, obwohl mich das doch immer ausgemacht hatte. Meine Mails konnte ich immer noch nicht beantworten. Es war mir nach wie vor alles viel zu viel. Ich hörte die Nachrichten in meinem Postfacheingang piepsen, doch sie interessierten mich nicht. Nein, sie stressten mich. Singen war undenkbar. Der Schmerz hatte meine Stimme gelähmt. Was war also noch mein Ziel? Ich wollte meine Lebensfreude wiedergewinnen! Ich wollte wieder den Elan haben, den ich sonst für alles aufbrachte. Und mir wurde eines sehr deutlich bewusst: Ich brauche mein gewisses Maß an Stress. Ich liebe es, ständig unterwegs zu sein – egal, ob zu großen oder kleinen Veranstaltungen! Ich liebe es, zu sehen, wie sich in den Herzen der Menschen etwas verändert – daraus ziehe ich selbst die Kraft, um weiterzumachen.

Vielleicht stresst dich deine aktuelle Situation genauso. Dein Muttersein, der Stress auf der Arbeit oder die viele Zeit, die dich dein

Traum kostet, ohne zu wissen, ob es sich jemals lohnen wird. Ich hatte damals all das aufgegeben, was mich ausgemacht hatte. Ich hatte meinen Auftrag aufgegeben. Und ich kann dir sagen, in dem Moment wurde mir bewusst, dass es genau das ist, was mir den Antrieb im Leben gegeben hat – und wieder gibt! Schau mal, der Vers geht weiter:

> „Mit aller Kraft laufe ich darauf zu, um den Siegespreis zu gewinnen, das Leben in Gottes Herrlichkeit. Denn dazu hat uns Gott durch Jesus Christus berufen." *(Philipper 3,14)*

Mit aller Kraft! Das heißt nicht, dass man es nur schafft, wenn man „Superwoman" ist. Nein, es heißt lediglich: „Mit aller Kraft, *die du gerade hast!*"

> „Doch an dem, was ihr schon erreicht habt, müsst ihr auf jeden Fall festhalten. Bleibt nicht auf halbem Wege stehen!" *(Philipper 3,16)*

Das steht für die Träume, die Gott dir ins Herz gelegt hat. Für das, was er Wundervolles mit deinem Leben vorhat. Wir laufen sehr oft Gefahr, unsere Träume aufzugeben. In meinem Fall war es meine Musik. Den Auftrag, den Gott mir gegeben hat, um Menschen zu erreichen, die sonst vielleicht nie von seiner heilenden Liebe erfahren hätten. Mir hatte der Teufel mit dieser Beziehung ganz schön ein Bein gestellt. Er hat mich zu Fall gebracht und ich wäre beinahe nicht mehr aufgestanden. Doch ich habe nie aufgehört, zu Gott zu schreien und weiter an seinen Versprechen festzuhalten.

In deinem Fall ist es vielleicht komplett was anderes. Eine chronische Krankheit, unter der du leidest. Deine Ehe, an der du zweifelst. Die dritte Prüfung, die du vermasselt hast. *Was auch immer es ist, das dir gerade das Leben schwer macht – bitte, bleibe nicht auf halbem Wege stehen.* Wenn Gott etwas in dein Herz gelegt hat, dann hat das einen Grund. Und wenn es momentan unerreichbar erscheint, dann ist das in Ordnung. Manchmal braucht es Zeit, aber höre nie auf, in dieser Zeit zu Gott zu schreien. Er arbeitet oft im Verborgenen und bereitet alles für dich vor, damit du es schlussendlich leichter hast. Und dann öffnet er dir die richtigen Türen, wenn die richtige Zeit gekommen ist und du so weit bist! Bis dahin formt er deinen Charakter, um auch dich stärker denn je zu machen!

11. Ausbruch aus dem Selbstmitleid

Entscheide dich, nach vorn zu schauen

Weißt du, wer oder was die größte Gefahr in solchen Situationen ist? Du selbst. Du und dein Selbstmitleid. Weil es sehr viel leichter ist, sich in Selbstmitleid zu suhlen, als aktiv zu werden und gegen das Problem anzukämpfen. Man möchte anderen erzählen, was einem Schreckliches angetan wurde, und genießt die Momente, in denen man in seiner Wut und Aufgebrachtheit bestätigt wird. Doch weißt du, was ich erkennen musste? All das hat mich in meinem Leben weder glücklicher gemacht, noch hat es mich weiter gebracht. Ich bin damit meinem Ziel kein bisschen näher gekommen, wieder die alte Déborah zu werden. Ich hing noch viel zu sehr an der Vergangenheit.

Ich erkenne diese Eigenschaft auch sehr oft bei Menschen mit Essstörungen. Regelmäßig treffe ich Mädchen, die wissen, wie krank sie sind, doch Angst davor haben, gesund zu werden, weil sie dann weniger Aufmerksamkeit bekämen. Sie hängen sich an ihre Essstörung und machen sie zu ihrer Identität, weil es etwas ist, das ihnen die Gewissheit gibt, beachtet zu werden. *Sie hängen sich an diesen zerstörerischen Gedanken und werden dadurch täglich ein wenig kranker, anstatt sich an die Hoffnung zu hängen und dadurch jeden Tag ein bisschen stärker zu werden.*

Dieses Muster begegnet mir leider immer öfter. Auch bei meinen Konzerten. Da sitzen die Mädchen, die sich nach Heilung sehnen und alles dafür tun würden. Und wir erleben Wunder über Wunder und es ist für mich immer ein Fest, wenn ich erleben darf, wie ein weiteres Mädchen geheilt wurde! Wenn ich erleben kann, wie sie ihren eigenen Weg zu gehen beginnt, ohne dass sie mich täglich um Rat fragen muss. Dann gibt es aber auch diejenigen, denen meine Aufmerksamkeit wichtiger als ihre Heilung ist. Alles, was sie wollen, ist, dass ich mich jedes Mal um sie kümmere, sie in den Arm nehme und ihnen Mut zuspreche. Es ist ein verzweifelter Schrei nach Liebe, dem ich auch mit all der Liebe, die ich besitze, nie gerecht werden könnte. Das kann nur der Schöpfer selbst. Unser liebender Vater im Himmel. Und solange sie sich nicht an ihn wenden, kann ich ihnen auf Dauer auch nicht helfen. Diese Mädchen tun leider selbst nur wenig oder gar nichts. Das sind auch diejenigen, die sich jahrelang im Kreis drehen. Ich erinnere mich an ein Mädchen, dass wirklich Woche für Woche im Publikum saß. Irgendwann fragte ich sie, ob sie denn wirklich frei werden möchte. Sie konnte mir nicht klar antworten. Ich sagte ihr, dass ich dann auch keine Zeit mehr für sie habe, da es andere Mädchen gäbe, die mich brauchten und sich nichts sehnlicher wünschten, als gesund zu werden. Das klingt jetzt sehr hart, doch ich hatte einen Plan damit. Und es war tatsächlich genau das, was diese junge Frau gebraucht hatte. Sie hat durch diese klaren Worte begriffen, dass sie nicht ewig von meinem Mitleid leben kann. Heute steht sie an einem ganz anderen Punkt in ihrem Leben und geht die ersten Schritte der Veränderung selbstständig.

....

Während meiner Zeit in Südfrankreich ging ich jedoch keine Schritte der Veränderung, sondern tappte im Kreis um mich selbst. Meine Tage verbrachte ich damit, den beiden Turteltauben auf Instagram zu folgen und danach stundenlang zu weinen. Auch wenn alle meine Freunde überzeugt davon waren, dass auch diese neue Beziehung niemals halten würde, wusste ich, dass ich leiden würde, bis dieser Tag kommen würde. Obwohl selbst das Ende der neuen Beziehung nicht den Neuanfang unserer Beziehung bedeuten würde. Es war irrational und doch fühlte ich so.

Nachts lag ich wach und malte mir aus, wohin unsere Reise hätte führen können. Ich dachte an all die schönen Momente zurück. Lustigerweise fiel mir dabei auf, dass es davon gar nicht so viele gegeben hatte. Denn es hatte zwischen uns einfach nicht gepasst, weil ich in dieser Beziehung nicht ich sein konnte, doch das hatte ich erst viel zu spät bemerkt. Hätte ich den „Check“ mit den ganzen Bibelversen, die ich in diesem Buch verwendet habe, vorher gemacht, wäre mir das früher aufgefallen. Ich hoffe deshalb sehr, dass du sie dir zu Herzen nimmst und nicht die gleichen Fehler machst wie ich. Eigentlich braucht es nur den einen Vers, um Klarheit zu bekommen, ob eine Liebe gesund ist oder nicht – und damit komme ich noch einmal auf den zu Recht beliebtesten Hochzeitsspruch zurück:

> „Liebe ist geduldig und freundlich. Sie ist nicht verbissen, sie prahlt nicht und schaut nicht auf andere herab. Liebe verletzt nicht den Anstand und sucht nicht den eigenen Vorteil, sie lässt sich nicht reizen und ist nicht nachtragend. Sie freut sich nicht am Unrecht, sondern freut sich, wenn die Wahrheit siegt. Liebe ist immer bereit zu verzeihen, stets vertraut sie, sie verliert nie die Hoffnung und hält durch bis zum Ende. Die(se) Liebe wird niemals vergehen!"
> *(1. Korinther 13,4–8)*

Ja, so eine Liebe hat Bestand! Ich bin noch keine weise Oma mit einer riesigen Enkelschar und super viel Lebenserfahrung, doch diesen „weisen Rat“ kann ich dir schon geben: Wenn du dich an jemanden binden und eine ernsthafte Beziehung mit diesem Menschen beginnen möchtest, dann würde ich vorher diese Verse als „Checkliste" anwenden. Satz für Satz würde ich diese Verse durchgehen und überlegen: „Finde ich das bei ihm? Ist er geduldig und freundlich? Ist er bereit zu vergeben? …"

Natürlich müssen wir uns darüber im Klaren sein, dass in diesen Versen von der vollkommenen Liebe gesprochen wird. Von der Liebe, wie Gott selbst liebt. Wahrscheinlich finden wir deshalb keinen Menschen, bei dem alle diese Fragen immer ohne Wenn und Aber bejaht werden könnten, denn jeder kann mal ungeduldig oder gereizt sein. Doch wir können schauen, ob die genannten positiven Eigenschaften *grundsätzlich* vorhanden sind und angestrebt werden. So lieben zu können ist schließlich ein Prozess, etwas, das Gott schenkt, je mehr Raum wir ihm in uns geben.

Etwas früher im Buch habe ich auf diese Verse verwiesen, um zu checken, wie es sich mit unserer eigenen Liebesfähigkeit verhält. Die sollten wir natürlich auch immer im Blick behalten, doch den (zukünftigen) Partner nach diesem Maßstab zu prüfen, ist genauso wichtig. Denn Gefühle, besonders diese Schmetterlinge-im-Bauch-Verliebtheitsgefühle vergehen schnell oder können zumindest öfter mal gehörig ins Wanken geraten. Was dann bleiben sollte, ist eine tiefe Liebe, die nie die Hoffnung verliert und bis zum Ende durchhält.

Nach allem, was ich durchgemacht habe, bin ich heute immer noch eine Frau, die hundertprozentig daran glaubt, dass es diese Liebe gibt. Ich erlebe sie bei meinen Eltern und sie sind meine Vorbilder. *Ich lasse nicht zu, dass das, was ich erlebt habe, mein Leben bestimmt.* Auch das ist eine Entscheidung, die du treffen musst: Lässt du deine eigenen Erfahrungen und Fehlentscheidungen im Leben deine Gegenwart und Zukunft zerstören oder vertraust du darauf, dass Gott auch aus deinem schlimmsten Versagen noch das Beste für dich herausholen kann? Und selbst wenn deine Eltern dir in dieser Hinsicht keine Vorbilder gewesen sind und ihre Ehe leider auseinandergegangen ist, dann kannst du dich fragen: Möchte ich meinen Kindern genau dasselbe weitergeben oder lasse ich Gott in meinem Inneren wirken, lasse ich mich von ihm verändern, um ihnen das mitzugeben, wonach ich mich selbst gesehnt habe? Wieder ist der entscheidende Punkt, welchen Gedanken wir in uns Raum geben. Ich weiß, dass ich mich wiederhole, doch dieses Thema ist einfach zu wichtig.

> „Was ich dir jetzt rate, ist wichtiger als alles andere:
> Achte auf deine Gedanken, denn sie entscheiden über dein Leben!
> Verbreite keine Lügen, vermeide jede Art von falschem Gerede!
> Halte dir immer vor Augen, was gut und richtig ist, und geh geradlinig darauf zu.
> Wähle sorgsam deine Schritte und weiche nicht vom rechten Weg ab!
> Schau weder nach rechts noch nach links und halte dich vom Bösen fern." *(Sprüche 4,23–27)*

Welche Gedanken lässt du zu, während du abends im Bett liegst: sauer, enttäuscht, wütend und traurig? Steigerst du dich in deine Geschichte weiter hinein und verlierst dich in deinen Emotionen? Nachdem ich von Lucs Verlobung erfahren hatte, ließ ich insbesondere nachts meinen Gedanken freien Lauf und stürzte mich selbst dadurch in ein so tiefes Loch, dass ich vor lauter seelischen Schmerzen nicht mehr schlafen konnte.

Also noch mal zur Erinnerung: Wem schadest du mit diesem Reinsteigern eigentlich? Allein dir selbst. Denn es bremst dich aus auf deinem Weg zur Heilung.

Es nimmt dir die Kraft, die du zum Kämpfen brauchst, und es bereitet dir sinnlos schlaflose Nächte.

> „Wenn ich nachts in meinem Bett liege, denke ich über dich nach, meine Gedanken sind dann nur bei dir. Denn du hast mir immer geholfen; ich preise dich, unter deinem Schutz bin ich sicher und geborgen. Ich klammere mich an dich, und du hältst mich mit deiner starken Hand."
> *(Psalm 63,7–9)*

Ich wünsche dir und mir, dass wir lernen, es genau wie David zu tun. Ich habe in diesem Buch schon mehrmals über ihn geschrieben, meinen kleinen Chaoten aus der Bibel, der mir so viel Mut gibt. Denn wenn Gott von ihm sagen konnte, dass er „ein Mann nach seinem Herzen" (vgl. Apostelgeschichte 13,22) war, dann gibt es viel Hoffnung für jeden von uns. Denn bei David ist sehr viel schiefgelaufen. Und dennoch, oder genau deswegen, lernte er, sein ganzes Vertrauen auf Gott zu setzen. Mit der großen Verantwortung und Schuld, die er auf sich lud, hatte auch er sicher einige schlaflose Nächte. Doch er entschied sich, seine schlechten Gedanken in gute zu verwandeln. So lag er nachts im Bett und dachte an Gott.

Es fiel mir selbst zuerst schwer und ich fragte mich, was ich denn da die ganze Zeit denken sollte? Aber weißt du was? Es reicht, wenn du dir einfach deinen liebevollen Vater vorstellst, der in diesem Moment nicht nur bei dir ist, sondern schon die Lösung für dein Problem hat. Dein Vater, der dich mit seiner starken Hand schützt und dir ein Schlaflied vorsingt. Er, der dein Herz erschaffen hat, weiß genau, wie viel du ertragen kannst, und wird dich nicht daran zerbrechen lassen.

> „Gepriesen sei der Herr für seine Hilfe! Tag für Tag trägt er unsere Lasten. Er ist ein Gott, der eingreift, wenn wir in Not sind; ja, unser Herr kann sogar vom Tod erretten."
> *(Psalm 68,20–21)*

Danke ihm für deine Rettung und all die Male, in denen er dir in der Vergangenheit schon geholfen hat. Danke ihm dafür, dass er dich auch in Zukunft nicht hängen lassen wird. Öffne die Bibel und lies die Geschichten über die vielen Menschen, denen er auch schon geholfen hat. So stärkst du deinen Glauben und dein Vertrauen und du wirst sehen, dass dieser Gott so viel größer ist als dein aktuelles Problem. Wenn du wirklich darüber nachdenkst, wer Gott ist, dann erscheinen dir deine Sorgen lange nicht mehr so groß!

....

Nach mehreren Wochen in Südfrankreich fuhr ich nun wieder nach Hause. Braun gebrannt, doch körperlich sichtlich gezeichnet von den durchlittenen letzten Wochen. Ich hatte ein paar Kilo abgenommen und tiefe Augenränder zierten mein Gesicht. Nein, ich hatte nicht erwartet, dass ich in meiner Auszeit, die mich eigentlich wieder gesund und stark machen sollte, noch einen größeren Schlag verpasst bekommen würde. Doch so läuft es im Leben manchmal. Und daran können wir nichts ändern. Aber *wir* können uns verändern. Wir haben immer die Chance, genau durch solche schmerzhaften Erfahrungen stärker zu werden. Stärker denn je.

In solchen Momenten will man das natürlich nicht wahrhaben, doch harte Phasen sind immer auch eine Chance, das Beste aus dir herauszuholen. Ich hatte damals meine Entscheidung getroffen, das Alte hinter mir zu lassen und mich meinem Ziel zu nähern, wieder die strahlende Déborah zu werden. Der Mann, von dem ich mich so kaputt hatte machen lassen, aber der selbst offensichtlich unbesorgt weiterleben konnte, sollte mich keine Sekunde meines wertvollen Lebens mehr kosten. Eine kurze Zwischenfrage: *Was hat dich in deinem Leben schon unnötig zu viel Zeit gekostet? Wo ist es dringend notwendig, dass du loslässt, um weitergehen zu können?*

Ganz praktisch hieß das für mich, dass ich nach meiner Ankunft zu Hause meinen Schrank aufbauen ließ. Er würde nun ja definitiv nicht mehr irgendwann in unserem gemeinsamen Haus stehen. Das war ein kleiner Schritt, doch er war sehr wichtig für mich. Alle unsere gemeinsamen Fotos auf dem Handy zu löschen, wäre ein nächster praktischer Schritt gewesen. Da dies durch den Sturz meines Handys von allein geregelt worden war, blieb mir das erspart. Aber vielleicht musst du auch noch in diesem schmerzhaften Bereich in deinem Leben aufräumen. Vielleicht gibt es bei dir noch Bilder oder Nummern auf dem Handy, die gelöscht werden müssen? So ein kleines Gerät darf nicht so viel Macht über uns ausüben!

Außerdem räumte ich meine Wohnung auf und machte Platz für Neues. Ich werde nicht leugnen, dass ich nach wie vor schlaflose Nächte hatte. Auch mein Herzrasen hatte ich noch nicht im Griff, doch ich war fest entschlossen zu kämpfen! Mehrmals täglich brach ich jedoch noch zusammen und heulte wie ein Schlosshund. Dann ging ich dummerweise auf Instagram und schaute mir die neuen Fotos von den zwei Verliebten an, die sich ständig an den schönsten Orten ablichten ließen.

Nach einer weiteren schlaflosen Nacht war ich es so leid, dass ich hundemüde zu Gott schrie: „Tue jetzt doch endlich was, ich kann nicht mehr!" Und Gottes Antwort kam klarer denn je: „Tu *du* doch endlich was!" Ich verstand nicht. Eigentlich hatte ich mir so etwas wie eine himmlische spürbare Umarmung gewünscht. Tief im Inneren wollte ich wohl auch, dass Gott sich für mich bei Luc rächt und seine neue Beziehung sofort wieder scheitern lässt. Doch er antwortete einfach nur mit: „Tu *du* doch was …!" Was er damit meinte, zeigte er mir sehr bald unmissverständlich. Denn Gott meint es ernst, wenn er sagt:

> „Wenn du keinen Ausweg mehr siehst, dann rufe mich zu Hilfe! Ich will dich retten, und du sollst mich preisen."
> *(Psalm 50,15)*

12. Träume, welcome back!

Erinnere dich, weshalb du angefangen hast

Gib niemals auf" und „Morgen ist ein neuer Tag". Genau. Das sind sie, diese schönen Sprüche, die man überall liest. Doch wenn du wirklich keine Lust und Kraft mehr hast weiterzumachen oder gar weiterzuleben, wenn alles um dich herum nur noch schwarz erscheint und du keinen Grund mehr siehst, überhaupt noch aus dem Bett zu steigen, dann treiben dich solche Sprüche auf die Palme.

Eine weitere schlaflose Nacht hatte ich hinter mich gebracht. Ich bekam die glücklichen Bilder der beiden einfach nicht aus dem Kopf – woran ich selbst schuld war, schließlich schaute ich sie mir immer wieder an. Immer noch hatte ich nichts zu tun und bekam langsam das Gefühl, verrückt zu werden. Wie konnte ich kämpfen, wenn ich nicht mehr wusste, wofür? Wäre ich zumindest auf Tour gewesen, dann hätte ich den Grund gesehen, für den es sich gelohnt hätte. Doch ich saß nur noch zu Hause, mit mir selbst allein. Ich rannte durch meine Wohnung und fing an zu putzen. Das ist das einzig Positive, was solch ein Schmerz bei mir auslöst. Plötzlich bekomme ich einen Putzfimmel.

In meinem Schlafzimmer stach mir dann dieses Bild ins Auge, das ich ironischerweise sogar zusammen mit Luc gekauft hatte, als wir in den USA waren. Auf dem Bild stand: „Wenn du aufgeben möchtest, dann erinnere dich daran, weshalb du angefangen hast." Schon beim Kauf des Bildes hatte ich gespürt, dass es mit uns nicht gut lief, und ehrlich gesagt hatte ich es genau deswegen gekauft.

Jetzt hing dieses Bild vor meinen Augen und ich dachte mir: „Na super. Wieso habe ich überhaupt mit der Musik angefangen?" Tatsächlich fiel mir in dieser seelischen Verfassung kein Grund ein weiterzumachen. Ich wollte mich fallen lassen in den Schmerz, wollte in meinem Selbstmitleid versinken und mir vorstellen, wie all die Menschen von seiner Familie, die ich so lieb gewonnen hatte, nun diese neue Frau an seiner Seite feierten und mir ihr lachten. Ich *wollte* es mir vorstellen und mir damit selbst wehtun! Ich hatte Bilder von ihr in seiner Küche gesehen, wie sie ihm ein Festmahl zubereitete. Ja, sogar Videos. Und sofort hatte ich gedacht: „Ich habe nie so gut für ihn gekocht! Ich kann so was nicht." Besser gesagt, ich hatte es mir eingeredet, dass ich das nicht könnte. Mit einem Abschluss von 1,8 auf der Hauswirtschaftsschule sollte man meinen, dass ich doch etwas Leckeres auf den Tisch gezaubert bekomme.

Doch ich zog mich lieber weiter mit meinem Selbstmitleid herunter, anstatt mir das in Erinnerung zu rufen, was ich sehr wohl kann. Ich dachte nur an eines: Es war vorbei mit Luc und da gab es jetzt eine andere Frau – eine bessere, wie mir eine Stimme im Kopf ständig zuflüsterte. Ich wollte gerade aufgeben, als ich eine andere, sanfte Stimme hörte, die wiederholte, was auf dem Bild stand: „Erinnere dich daran, weshalb du angefangen hast." Und da wurde mir klar, dass Gott versuchte, zu mir zu sprechen.

> „Nicht ihr habt mich erwählt, sondern ich habe euch erwählt, damit ihr Frucht bringt, die bleibt."
> *(Johannes 15,16)*

Das war mein Auftrag. Deswegen hatte ich angefangen. Dazu wurde ich geboren. Und das konnte mir niemand nehmen. Das Leben tut weh, manchmal sogar extrem weh. Doch der Grund unseres Daseins auf dieser Erde verändert sich dadurch nicht. Niemals. Ich würde lügen, wenn ich sagen würde: „Ab dann war alles ganz einfach." Nein, so war es nicht und ich glaube, dass alles seine Zeit hat und seine Zeit braucht. Auch Schmerz braucht seine Zeit, bis er vergeht und unsere Wunden heilen. Doch manchmal zögern wir die Heilung mit unserem Selbstmitleid unnötig heraus, anstatt den Heilungsprozess zu unterstützen.

Bis zu einem gewissen Grad können wir unsere Heilung nämlich durchaus selbst fördern, doch dazu braucht es eine große Willensstärke. Man mag vielleicht denken: „Das können nur die starken Frauen." Aber ganz ehrlich? Jede Frau und jeder Mann bekommt diese Chance, stark zu sein. Das Problem ist, dass diese Chance dir immer dann begegnet, wenn du am Boden liegst und am wenigsten damit rechnest. Dann lautet die Frage an dich: Was machst du damit? Nimmst du die Herausforderung an oder gibst du dich deinem Selbstmitleid hin?

....

Ich weiß noch genau, wie ich eines Morgens nach einer weiteren harten Nacht meine morgendliche Zeit mit Gott hatte sausen lassen. Normalerweise habe ich meinen vertrauten Ablauf: Der Wecker klingelt, ich gehe laufen, mache mir danach einen Kaffee und setze mich mit meiner Bibel an den Tisch. Dort höre ich erst einmal, was Gott mir für den Tag mitgeben will. Damals las ich gerade mein spannendes Andachtsbuch von Steve, dem weisen Freund aus den USA. Es begleitete mich in dieser schweren Zeit und es war erstaunlich, wie es oft ins Schwarze traf.

An jenem Morgen jedoch hatte ich tausend Gründe, diese Zeit auf später zu verschieben. Obwohl ich aus Erfahrung weiß, dass dieses „später" nie stattfinden wird. Und genau so war es. Schwups, war der

Tag vorbei und ich hatte mir keine Zeit mehr dafür genommen. Für etwas anderes aber komischerweise schon: das Profil von Lucs Verlobten auf Instagram zu checken. Und weißt du was? Ich war ohne meine „geistige Nahrung" nicht gewappnet für den weiteren Schlag, der auf mich wartete.

An diesem Tag taten mir die neuen Bilder nochmals besonders weh. Luc war bei ihrer Familie in Spanien. Wieso ging er zu ihrer Familie und wollte nie zu meiner? Es tat weh, dass bei ihnen alles so schnell ging und so gut aussah. Wahrscheinlich besprachen sie gerade die Details für die Hochzeit. Ich finde keine Worte, um den Schmerz zu beschreiben, der in diesem Moment durch mein Herz schoss. Dass einem so etwas im Leben widerfährt, damit rechnet man nicht. Von solchen konkreten Herzschmerzgeschichten lesen wir auch nicht wirklich etwas in der Bibel, trotzdem können wir in der Bibel lesen, wie wir mit großem Schmerz umgehen können, damit er erträglicher wird. Und genau das ist es, was man in solchen herzzerreißenden Situationen im Leben braucht!

Den ganzen Tag lang, während ich mir die Augen ausweinte und sich mein Frust und Ärger in mir aufstaute, hatte ich dieses Gefühl, ich solle doch in meinem Andachtsbuch nachlesen, was für heute darinstand. Doch ich tat es nicht, sondern verkroch mich lieber mit meinen Taschentüchern ins Bett und zog mir irgendwelche Soaps rein. Erst kurz bevor ich schlafen ging, holte ich das Andachtsbuch dann doch noch hervor und las im Halbschlaf einen Satz, der mich sauer machte: „Liebe durch Vergebung!" Wie bitte schön sollte ich lieben? Nach all dem, was er mir angetan hatte?

Ich las zögerlich weiter, was auf der Seite stand, und verstand plötzlich, dass viele Menschen Gottes Liebe nie zu hundert Prozent erfahren, weil sie selbst nicht vergeben können. Denn das hängt eng miteinander zusammen. Da stand, wenn wir nicht vergeben, dann bauen wir durch unsere Verbitterung eine Mauer auf, die verhindert, dass Gottes Liebe bei uns einzieht. Wenn wir nachtragend sind, dann verletzen wir uns nur grundlos selber. In meinem Fall war es so, dass Luc schon lange weitergemacht hatte. Ich war diejenige, die stehen geblieben war, die sich im Kreis drehte und deshalb vergeblich darauf wartete, dass ihre Freude zurückkommen würde. Doch das würde nicht passieren, wenn ich nicht selbst anfing, etwas dafür zu tun: Ich musste Luc vergeben.

> „Jesus ist gekommen, um die Gefangenen freizusetzen."
> *(Lukas 4,18)*

Genau dafür ging er ans Kreuz. Ich überlegte, wie es sich wohl für Jesus angefühlt haben musste. Er hing dort unschuldig. Vor ihm lauter Menschen, die ihn beschimpften. Menschen, die ihn erst blutig geschlagen hatten, bevor sie ihn an dieses Kreuz genagelt hatten. Stelle dir das mal einen Moment lang vor und versuche, dich wirklich in Jesus hineinzuversetzen! Wie sehr hätte er sie alle hassen müssen. Stattdessen sagte er voller Liebe: „Vater, vergib ihnen, denn sie wissen nicht, was sie tun!"

Wie hat er das geschafft? Woher nahm er diese Liebe, diese Kraft? Ich sage es dir: Er lebte in engster Verbundenheit mit dem Vater im Himmel. Gott ist die Liebe. Und wenn du diese Liebe „anzapfst", bist du zu all dem in der Lage, was menschlich betrachtet unmöglich ist. Und das Resultat daraus ist wiederum: Du wirst nicht länger im Schatten deiner Vergangenheit leben, sondern in der Zuversicht auf eine bessere, heile und freie Zukunft! Und diese Zukunft wirst du erleben!

> „Gott ist Liebe, und wer in dieser Liebe bleibt,
> der bleibt in Gott und Gott in ihm." *(1. Johannes 4,16b)*

13. Intensivprogramm Vergebung

Bist du bereit, dich zu befreien?

Ab da begann eine einwöchige Reise durch das Thema „Vergebung"! Noch nie zuvor hatte ich ein Problem damit gehabt, jemandem zu vergeben. Ich habe da eine von Gott geschenkte Leichtigkeit bekommen, die mich oft selbst überrascht. Ich treffe auf Menschen und weiß, irgendetwas war da mal zwischen uns, ich komme aber nicht einmal mehr drauf und umarme die Person dann so, als wenn nie etwas gewesen wäre. Weil ich mich wirklich nicht erinnere. Das hat schon viele Menschen sehr erstaunt – und mich im Nachhinein auch, wenn mir die Leute dann erzählt haben, was für eine Geschichte eigentlich hinter uns lag und was mir diese Menschen „angetan" hatten.

Ich glaube, ich könnte auf jemanden stoßen, der mich als Kind gehänselt oder immer wieder gemobbt hat, und ich würde ihn ganz normal behandeln. Weil es vergessen ist. Vergeben und vergessen, wie man so schön sagt. *Und wer vergibt, erspart sich unendlich viel Zeit, die er für viel Sinnvolleres nutzen könnte.* Man ärgert sich nicht sinnlos über etwas, das man sowieso nicht ändern kann. Ich erinnere mich an ein Mädchen, das mir wirklich viel Geld gestohlen hatte. Ein paar Monate später traf ich sie wieder und wir gingen zusammen tanzen. Sie erzählte mir ihre Seite der Geschichte, die auch oft sehr wichtig ist, und ich verstand sie. Ich war ihr nicht böse, denn

Gott hatte mir in der Zwischenzeit den Betrag um ein Vielfaches zurückgegeben. So ist er einfach! Er liebt sie, genauso wie er mich liebt. Und er hat sich um uns beide gekümmert. Um jede auf die Art, die sie verstand und die sie gerade brauchte. Und so tut er es auch bei dir, wenn du es zulässt. Ja, und auch bei den Menschen, die dich verletzt haben. Es ist nicht deine Aufgabe, Rache zu üben. Überlass die Sache Gott.

> „Liebe Freunde, verschafft euch nicht selbst Recht. Überlasst vielmehr Gott das Urteil." *(Römer 12,19)*

Vergeben. Loslassen. Weitermachen. Ich bin überzeugt davon, dass Vergeben eine Eigenschaft ist, die man sich antrainieren kann, wenn man es *wirklich möchte*! Und genau hier verbirgt sich ein wertvoller Schlüssel. Denn Vergeben macht frei! Und ich möchte dir anhand meiner Erfahrung zeigen, dass wir gleich mehrere Hilfsmittel auf unseren Lebensweg mitbekommen haben.

Ich war selbst überrascht zu sehen, dass so viele weise Dinge, die für unseren heutigen Alltag relevant sind, schon vor so langer Zeit aufgeschrieben wurden – in der Bibel! Du kannst dir mittlerweile sicher gut vorstellen, wie schlecht es mir gegangen sein muss, als ich erfuhr, dass „mein" Mann, mit dem ich gerade noch über unsere Hochzeit gesprochen hatte, nun mit einer anderen Frau verlobt war, glücklich bei deren Familie in Spanien saß und sonst mit ihr um die Welt reiste. So viele unbeantwortete Fragen. So viel Schmerz. Am liebsten würde man in so einer Situation zum Telefon greifen, es allen erzählen und diesen „gemeinen Mann" niedermachen.

Zum Glück war ich in dieser Woche allein zu Hause, denn eigentlich hatte ich mir vorgenommen, ein paar neue Lieder zu schreiben. Doch nun lag ich mal wieder weinend im Bett und konnte mich vor lauter Herzschmerzen kaum rühren. Ich hatte schon so viele Monate des Leidens hinter mir. Konnte das nicht endlich aufhören? Wie viele Rückschläge würde ich noch einstecken müssen? Es war doch schon so hart genug gewesen. Jetzt auch noch nachzuverfolgen, in welch rasantem Tempo ihre Beziehung voranschritt, machte mich verrückt. Natürlich rief ich in dieser Zeit auch meine Mutter an und erzählte ihr alles.

Ehrlich gesagt hatte ich gehofft, wir könnten eine Runde über ihn lästern. Doch sie ließ es nicht zu. Sie machte einfach nicht mit. Das sind die Momente, in denen du erst einmal sauer wirst. Auf dich selbst oder auf die Person, die dich in deinem Sauersein eben nicht noch weiter fördert. Du möchtest schreien, Rache und Vergeltung – und siehst dabei nicht, was für ein Segen es ist, wenn du hierfür keine Unterstützung findest.

Heute bin ich unendlich dankbar für die Reaktion meiner Mutter. Ich hatte das Gefühl, den Höhepunkt meines Schmerzes erreicht zu haben. Hätte ich mich jetzt darangesetzt, Songs zu schreiben, wären wohl ausschließlich dramatische Liebeslieder entstanden – oder männerfeindliche Songs von einer frustrierten, stehen gelassenen Frau. Ja, wir haben immer die Wahl, wie wir mit solchen Situationen umgehen. Suchen wir uns unsere „Partner in Crime", unsere Verbündeten, mit denen wir mal so richtig lästern und Pläne schmieden können, wie man es der Person, die uns so verletzt hat, heimzahlen kann? Lassen wir uns damit noch tiefer in den Abgrund reißen oder setzen wir uns hin, lassen die Tränen laufen und schütten unseren Schmerz einfach mal bei Gott aus?

Ich weiß, im ersten Moment scheint das weniger zu bringen, als mit der Freundin über den Kerl herzuziehen. Noch dazu kostet es uns viel mehr Selbstdisziplin, wenn wir uns bewusst gegen diesen „Lästerdrang" entscheiden. Doch ich erinnere dich noch einmal: Gott ist die Liebe. Und bei ihm findest du die Kraft, selbst lieben und vergeben zu können. Mein Ratschlag ist deshalb: *Starte immer mit Gott.* Danach kannst du immer noch zum Hörer greifen und deiner

Freundin dein Herz ausschütten – ohne Rachepläne zu schmieden, versteht sich.

So schlug ich am nächsten Morgen voller Hoffnung die nächste Seite meines Andachtsbüchleins auf. Wider Erwarten stand auch an diesem Tag etwas im Zusammenhang mit dem Thema Vergebung. Doch dieses Mal folgte ein weiterer Aspekt, der es noch schwerer machte. *„Segne die, die dir Unrecht getan haben."* Während ich las, dachte ich nur: „Aber ihr wisst doch gar nicht, was ich alles durchgemacht habe! Wie kann ich da vergeben, geschweige denn segnen?"

Ein neuer Tag, eine neue Seite. Da war sie wieder, die Geschichte aus Lukas 23, wie Jesus mit zwei Verbrechern vor die Stadt geführt und ans Kreuz genagelt wurde. Ja, die zwei anderen hatten Unrecht getan und waren zu Recht verurteilt, Jesus jedoch nicht. Er hatte immer nur geliebt. Auch ich hatte geliebt und jetzt wurden mir Nägel durchs Herz gebohrt. Doch Jesus wollte keine Rache, obwohl gegen sein entsetzliches körperliches und seelisches Leiden mein Leiden lachhaft wirkte. Trotzdem verließ kein böses Wort seinen Mund.

Was wollte Gott mir zum wiederholten Male mit dieser Erinnerung an seine eigene leidvolle Erfahrung hier auf Erden sagen? Gott ruft uns alle dazu auf, wie Jesus zu reagieren – und zu vergeben. Es ist der entscheidende Punkt für uns, um wirklich frei zu werden von Groll, Rache, Hass und all den Dingen, die aus diesen Gefühlen entstehen können, wie Depressionen oder ein Burn-out und schließlich ein freud- und sinnloses Leben (was natürlich nicht heißt, dass jede Depression selbst verschuldet ist, weil man irgendetwas noch nicht vergeben hat). Das heißt, je früher wir damit anfangen zu vergeben, desto besser.

....

Jetzt klingt das alles toll und liest sich leicht, doch in der Realität war es für mich sehr, sehr hart. Ja, ich war es leid, seit nun mehreren Monaten von Schmerz zu Schmerz zu gehen. Schon während der Beziehung war ich schließlich oft verletzt worden. Und ich hätte mein Leben lang weitermachen können mit meinen destruktiven Gedanken, die mir nichts anderes gebracht hätten, als mich immer tiefer in mein mittlerweile sehr großes, dunkles Loch des Selbstmitleids zu reißen. *So entschied ich mich an diesem Tag ganz bewusst zu vergeben.*

Es war zunächst jedoch nur die Entscheidung, die ich in meinem Kopf fällte. Mein Herz war noch zu sehr blockiert von diesem Schmerz, den ich fast einen Jahr lang mit mir herumgetragen hatte. Ich weiß, dass es Menschen gibt, die ihren Schmerz noch sehr viel länger mit sich herumtragen. Und ich hoffe, dass auch du, wenn es dich betreffen sollte, durch dieses Buch frei werden kannst! Denn es muss und soll auch gar nicht so lange dauern, bis du wieder heil wirst! Du kannst genau die gleichen Methoden anwenden wie ich. Sie stehen uns allen zur freien Verfügung. Es muss nicht immer gefühlte Ewigkeiten dauern, bis die ersehnte Veränderung stattfindet. Die Frage lautet: Bist du bereit für das Intensivprogramm Vergebung – kurz und schmerzvoll, aber effektiv? Dann hast du im folgenden Kapitel die Gelegenheit dazu.

14. Konkrete Schritte zur Vergebung

Mach dich auf den Weg!

Schritt 1: Ich entscheide mich zu vergeben.

Ich hatte weder Lust noch Kraft, Luc zu vergeben. Vielmehr wollte ich, dass Gott ihn straft für das, was er mir angetan hatte. Ich malte mir in meinen Tagträumen aus, wie schön es wäre, wenn ich mich an ihm rächen könnte, und fühlte mich darin bestätigt, wenn Menschen, die uns in den sozialen Medien zusammen gesehen hatten, hörten, was vorgefallen war und dann Dinge sagten wie: „Dem würde ich am liebsten eine reinschlagen." Nein, das klingt nicht sehr christlich, ich weiß. Aber egal, wie „christlich" wir auch sind, diese Gedanken tauchen bei uns allen einmal auf. Wichtig ist, dass wir wissen, wie wir diese schnell wieder loswerden:

> „Lass dich nicht vom Bösen besiegen, sondern besiege das Böse durch das Gute." *(Römer 12, 21)*

Und glaube mir, dieser Vers ist in meiner Bibel fett markiert und drunter habe ich sogar „Luc" geschrieben. So sehr hatte ich damit zu kämpfen. Wenn wir von Gott erwarten, dass er uns verändert, müssen wir es auch zulassen, und die notwendigen Schritte gehen, damit wir den Kampf um unsere Gedanken angehen können. Und das schaffst du wiederum am besten mit Gott:

> „Denn Gott hat uns keinen Geist der Furcht gegeben, sondern sein Geist erfüllt uns mit Kraft, Liebe und Besonnenheit!" *(2. Timotheus 1,7)*

Die Bibel ist ein einziger Aufruf zur Vergebung und gibt uns gleichzeitig immer wieder die Zusage, dass Gott selbst uns die Kraft dazu schenkt. Wie konnte zum Beispiel Josef seinen Brüdern vergeben, die ihn beleidigt und schließlich sogar verkauft hatten? Es heißt sogar:

> „Sie hassten ihn!" *(1. Mose 37,4)*

Außerdem wollten sie ihren eigenen Bruder töten:

> „Los, wir erschlagen ihn und werfen ihn in einen tiefen Brunnen!" *(1. Mose 37,20)*

Josef war damals siebzehn. Stell dir vor, so etwas würde heute geschehen! Das Kind wäre wahrscheinlich ein psychisches Wrack und würde von einer Klinik in die nächste überwiesen werden, Antidepressiva schlucken, schlaflose Nächte haben und in seiner Verbitterung keinen Menschen mehr wirklich an sich heranlassen! Doch Josef, so jung er auch war, vertraute Gott. Ja, auch Josef war ein kleiner nerviger Bruder. Eine kleine Petze. Und wahrscheinlich hätte er dich und mich auch manchmal aufgeregt. Er war nicht perfekt. Doch anscheinend hatte er genug Glauben, um zu vertrauen, dass Gott ihn so sehr liebt, dass er ihn da wieder herausholen würde.

Und genau das ist es, was wir brauchen: diese tiefe Überzeugung, dass Gott uns so sehr liebt, dass er *dich* so sehr liebt, dass er dich selbst aus dem tiefsten Loch wieder herausholen wird! Von diesem jungen Mann können wir sehr viel lernen. Statt sich auf den Schmerz, von den eigenen Brüdern verkauft worden zu sein, zu konzentrieren, vertraute Josef Gott! Daraus können wir mitnehmen: *Deine Geschichte hört nicht mit deinem Schmerz auf!*

Josef, der ungeliebte, kleine Bruder. Wer hätte gedacht, dass sein Leben einmal so außergewöhnlich werden würde, dass wir heute noch über ihn sprechen? Dass er mir, dass er dir heute Mut machen würde? Er landete schlussendlich im Hause des Pharaos und wurde dessen Stellvertreter. Als eine große Hungersnot über das Land zog, standen seine Brüder plötzlich wieder vor ihm, weil sie Getreide kaufen wollten und er mittlerweile über die Vorräte in ganz Ägypten regierte. Sie erkannten ihn nicht sofort.

Sind wir uns sicher, dass wir nicht die Hände gerieben und gedacht hätten: „Ha, endlich! Der Tag der Abrechnung! Jetzt zeige ich's euch! Ich werde euch bloßstellen und verhungern lassen!" Aber was tat Josef? *Josef vertraute Gott. Mit all seiner Kraft. Nicht mehr und nicht weniger.* Und das reichte, um zu verstehen, dass es nicht die Schuld der Brüder war, dass diese menschlich gesehen furchtbare Situation geschehen war, sondern dass Gott einen Plan gehabt hatte, der größer war als das, was der menschliche Verstand fassen konnte.

> „Meine Gedanken sind nicht eure Gedanken, und meine Wege sind nicht eure Wege. Denn wie der Himmel die Erde überragt, so sind auch meine Wege höher als eure Wege und meine Gedanken als eure Gedanken." *(Jesaja 55,8-9)*

Und so schwer es für uns auch zu verstehen sein mag – wenn wir unser Leben selbst planen könnten, würde darin nie etwas Herausforderndes oder Schwieriges vorkommen. Doch Gott hat mit jeder Situation einen Plan in deinem Leben und er rät dir deshalb, nach seinen Plänen zu fragen, um wirklich *leben* zu können:

> „Sucht den Herrn, solange er sich finden lässt! Betet zu ihm, solange er euch nahe ist! Hast du dich gegen Gott aufgelehnt? Bist du eigene Wege gegangen und eigenen Plänen gefolgt? Dann hör auf damit! Kehr deinem alten Leben den Rücken, und komm zum Herrn! Er wird sich über dich erbarmen. Unser Gott vergibt uns, was auch immer wir getan haben." *(Jesaja 55,6–7)*

Wenn ich beim Thema Vergebung an Josefs Geschichte denke, dann werde ich so tief berührt, dass mir die Tränen in die Augen kommen, denn er lebte uns vor, was wahre Vergebung bedeutet. Die Konfrontation mit seinen Brüdern überforderte Josef im ersten Moment. Er verließ den Raum und brach erst einmal in Tränen aus. Er weinte so laut, dass ihn sogar der Pharao hörte. Doch letzten Endes gab er sich seinen Brüdern zu erkennen und schenkte ihnen Worte der Vergebung. Worte, die er nur aussprechen konnte, weil er Gott vertraute!

> „‚Ich bin euer Bruder Josef, den ihr nach Ägypten verkauft habt. Aber ihr braucht euch nicht zu fürchten. Macht euch keine Vorwürfe, dass ihr mich hierher verkauft habt, denn Gott wollte es so! Er hat mich vorausgeschickt, um euch zu retten! ... Nicht ihr habt mich hierhergeschickt, sondern Gott.'" *(1. Mose 45,4–5 + 8)*

Ich weiß nicht, wie es dir geht, aber bekommst du nicht auch eine Gänsehaut, wenn du das liest? Die Vergebung hat ihn nicht nur frei werden lassen von sämtlichen bösen Gedanken und Verletzungen, sie hat ihn Gottes Willen in dieser Situation erkennen lassen! Willst du das nicht auch?

....

Auch ich spürte, dass ich bei diesem liebenden Gott damit nicht weiterkommen würde, Luc Schlechtes zu wünschen und dafür zu beten, dass Gott sich doch für mich rächen solle. Deswegen entschied ich mich, auf Gottes Rat zu hören, auch wenn es mich alles kostete, was noch an seelischen Kräften in mir übrig war. Wie gesagt, das alles passiert erst einmal nur im Kopf und es war eine Entscheidung, kein Gefühl! Ich tat es nur, weil ich es in der Bibel gelesen hatte. Weil ich vertraute, dass Gott sich schon etwas dabei gedacht hatte.

Er hatte sogar schon gewusst, dass ich an diesem Punkt ankommen würde, noch bevor ich die Entscheidung zu vergeben getroffen hatte. Und damals wusste er schon, dass ich es mit seiner Hilfe packen würde.

Er wusste auch bei dir lange im Voraus Bescheid darüber, was dir in deinem Leben alles passieren würde, und er wollte dich damit nicht überfordern, sondern formen – zu einer starken Frau, die in einer Welt voller Hass mit Liebe reagiert. Nur so unterscheiden wir uns. Nur so kann die Welt sehen, dass wir Kinder Gottes sind und dass dieser Gott real ist. Es reicht nicht, einen schönen christlichen Spruch auf dem T-Shirt oder Armband zu tragen. Woran unser Christsein wirklich sichtbar wird, sind unsere Reaktionen, wenn wir mit Schwierigkeiten konfrontiert werden. Reagieren wir dann so, wie unsere menschliche Natur es nur zu gern machen würde? Oder tauchen wir ein in das Wort Gottes und lernen dort, welche nächsten Schritte angesagt sind, um aus unseren schlechten Gefühlen wieder herauszukommen?

Nichts, was dir je in deinem Leben passieren wird, ist eine Überraschung für Gott, mit der er nicht gerechnet hat. Er wacht nicht morgens auf, sieht deine Katastrophe und denkt sich: „Ups, das war so nicht geplant. Hoffentlich geht das gut." Egal, was du durchmachst, er blickt auf dich und hofft, dass du seine Ratschläge annimmst. Du sagst, er redet nicht mit dir? Er spricht. Durch sein Wort. Aufschlagen musst du es selbst. Und glaube mir, ich weiß, wie sehr man sich manchmal selbst ermutigen muss – gerade, wenn man viel lieber im Bett liegen bleiben und seinen Kummer füttern möchte, statt ihn zu bekämpfen.

Natürlich ist es viel leichter, sich in so einem Gemütszustand Liebesfilme anzuschauen und jedes verfügbare Taschentuch, die Klopapierrolle und vielleicht sogar noch die Küchentücher vollzuweinen. Doch den richtigen Umgang mit denen, die unsere Gefühle verletzt haben, lernen wir durch diese Filme nicht. Während in sämtlichen Filmen und Klatschzeitschriften die Männer häufig für ihr Fehlverhalten büßen müssen, finden wir in der Bibel nur Liebe für die, die uns wehgetan haben. Es ist eine Liebe, die größer ist als unser Verstand.

> „Denn er lässt seine Sonne für Böse wie für Gute scheinen …" *(Matthäus 5,45)*

Das ist etwas, was wir nicht begreifen können. Ganz im Gegenteil: Es ärgert uns sogar! Doch so ist Gott. Und in diesem Fall bin ich, bist du vielleicht die „Gute". Doch wie oft habe ich andere verletzt? Wenn ich zurückblicke, haben andere genauso das Recht, mir Böses zu wünschen wie ich. Sogar in der Geschichte von Josef hatten die Brüder tatsächlich Grund, sauer auf ihn zu sein. Denn er war derjenige, der immer brav bei Papa sitzen durfte, während sie hart gearbeitet hatten. Dann hat Daddy ihm noch die schönsten Klamotten besorgt und sobald auf dem Feld bei den großen Brüdern etwas passiert war, hatte Josef alles gepetzt. Also ja – auch sie hatten jeden Grund, böse zu sein. Was für eine Entlastung, wenn man erfährt, dass die Menschen einem vergeben haben, denen man selbst Unrecht getan hat!

Überlege doch mal, wie oft hast du schon Menschen verletzt? War es bewusst? Oder war es einfach aus Unwissenheit? Aus Wut? Aus Schwachheit? Aus Schmerz? Verletzte Menschen verletzen

Menschen. Da sind wir alle gleich. Welches Recht habe ich also, dieses Unrecht einer Person ewig vorzuhalten? Keins. Ich bin dazu aufgefordert, zu vergeben – egal, ob mich die andere Person vielleicht nie um Vergebung gebeten hat. So war es auch bei mir.

Ich stand da wie ein stehen gelassener Pudel im Regen. Weißt du, wie es mir wehtat, als ich nach einem neunstündigen Flug mit Lebensmittelvergiftung am Flughafen allein gelassen wurde mit den Worten: „Ich habe Business zu erledigen"? Und das, nachdem ich mehrmals erbrochen hatte und kurz davor war zusammenzuklappen. Das sind Momente, die sich in dein Gedächtnis brennen. Da fällt es leicht, sich in die Wut hineinzusteigern und die Aggressionen gegen die Person weiterzuschüren, die uns das angetan hat. Und wie ich schon einmal geschrieben habe, sind Frauen im Reinsteigern bekanntlich besonders gut.

Es ist erschreckend, zu was wir in unseren Gedanken in der Lage sind, wenn es uns schlecht geht. Doch auch beim Thema Vergebung liegt es an uns selbst, unsere Gedanken zu steuern. Erinnere dich in diesem Moment an Gottes Wahrheiten über dich. Erinnere dich daran, was er am Kreuz für dich getan hat – und dass er auch dir alles vergeben hat. Und entscheide dich so schnell wie möglich, ebenfalls zu vergeben.

Ich weiß, das ist manchmal sehr viel verlangt, doch je länger du dieses Gift der Verbitterung und Rachegefühle in deinem Herzen lässt, umso länger hält es dich gefangen und macht dich kaputt. Außerdem habe ich nur gesagt: *Entscheide dich!* Das heißt nicht, dass du sofort deine Gefühle im Griff haben musst und glücklich weiterleben kannst. Die Entscheidung ist lediglich der erste sehr wichtige Schritt.

Vielleicht hilft es dir, diese Entscheidung zu treffen, wenn du dir darüber bewusst wirst, dass Gott nicht auf die Personen angewiesen ist, von denen du Hilfe erwartet hast, aber enttäuscht wurdest. Er hat noch ganz andere Möglichkeiten, dir zu helfen. Wie Gott mich nach meinem Rückflug durch andere Menschen versorgt hat, ist der beste Beweis dafür.

Trotz meiner misslichen Lage hat er mich gehalten und genauso will er dich halten! Meinst du nicht, dass es ihm das Herz bricht, wenn er dich zerbrochen sieht? Deswegen stupst er andere Menschen an, um dir beizustehen.

Ich stelle mir das immer bildlich vor wie mit Playmobil-Figuren. Gottes große Hand nimmt die einzelnen Figuren und setzt sie genau an den Platz, wo sie gerade sein müssen, um dir zu helfen. Natürlich haben wir Menschen im Gegensatz zu den Playmobil-Figuren immer noch einen freien Willen, aber ich glaube fest daran, dass uns Gott liebevoll in eine Richtung „schubsen" kann, um seinen guten Plan zu erfüllen. Erinnerst du dich? Selbst die Frau von der Sicherheitskontrolle am Flughafen hatte mir geholfen. Und das Hotelpersonal stand mir 24 Stunden am Tag zur Seite. Ich bin mir sicher, hier hatte Gott seine Finger im Spiel und lenkte alles zu meinem Besten. Und das tut er genauso für dich! Er übersieht niemanden, der zu ihm ruft.

....

Doch zurück zu dem Moment, in dem wir selbst gefragt sind. Zu dem Moment, in dem wir mit unserem Schmerz konfrontiert werden und herausgefordert sind zu vergeben. Zu dem Moment, in dem du erfährst, dass nun eine andere Frau *deinen* Mann heiraten wird. Oder dem Moment, in dem du den Menschen wiedersiehst, der dich jahrelang missbraucht hat. Oder dem Moment, in dem du deinen Vater nach Jahren wiedertriffst, der dich und deine Mutter sitzen gelassen hat, als du noch ein Baby warst. Vielleicht sind es auch eher „kleinere" Dinge, die dich emotional fertigmachen. Was immer es ist, das dich verletzt hat, ich möchte dir sagen, dass es mir sehr, sehr leidtut, dass du so etwas durchmachen musstest!

Leider bleibt keiner von uns verschont. Doch wir haben alle die Wahl: Reagieren wir auf Hass mit Hass oder sind wir so weise und antworten mit Liebe? Gehen wir verbittert aus der Situation oder geben wir ihr die Chance, unseren Charakter zu formen und uns stärker zu machen? Kannst du dir vorstellen, wie es den Teufel ärgern muss, wenn er alles versucht, um dich kaputt zu machen, und du vergibst einfach? Wenn er versucht, seine giftigsten Pfeile auf dich zu schießen, aber du einfach hinter Gottes Schutzschild in Deckung gehst? Das ist alles möglich. Nicht aus menschlicher Kraft. Aber mit Gottes Hilfe – und deiner Entscheidung.

Du kannst niemals frei werden, wenn du an dem festhältst, was dir angetan worden ist. *Gott tut dir einen Gefallen, indem er von dir erwartet, dass du vergibst.* Es geht in dem Moment nämlich in erster Linie um dich – und nicht um die Person, der du vergeben sollst. Denn je länger du dich mit dem Gedanken beschäftigst, was die Person dir alles angetan hat, desto mehr wächst eine Mauer in dir, die so groß wird, dass nichts anderes mehr zu dir durchdringen kann. Du läufst an so viel Segen vorbei und merkst es nicht einmal mehr.

Ein ganz banales Beispiel: Die Sonne scheint, doch es geht an dir vorbei, weil du dich lieber mit deiner Bitterkeit und deinem Selbstmitleid im Bett verkriechst. Oder noch schlimmer: Vielleicht verpasst du deinen Traumjob, weil du vor lauter Kummer nicht mehr die Zeitungsannoncen liest und dir einredest, dich würde eh niemand einstellen wollen. Eventuell triffst du sogar irgendwo deinen Traummann, doch sprichst ihn nicht an, weil du noch viel zu verbittert und verletzt bist und einen Groll auf alle Männer schiebst. Ich könnte noch viele weitere Beispiele nennen, wo dich deine eigene Verbitterung nur einschränkt und vom Leben abhält.

Allein die Entscheidung, Luc zu vergeben, löste Unglaubliches in mir aus. Ich fand Frieden. Und endlich eine Ruhe, die mich wieder schlafen ließ. Ich fing an loszulassen …

Schritt 2: Segne und bete.

Als wäre die Entscheidung, Luc zu vergeben, nicht schon schwer genug gewesen, kam am nächsten Tag ja noch die Aufforderung hinzu, die Personen, die uns verletzt haben, zu segnen. In meinem Büchlein standen doch tatsächlich folgende Bibelverse:

> „Wollt ihr das Leben genießen und gute Tage erleben? Dann passt auf, was ihr redet: Lügt nicht und verleumdet niemanden! Wendet euch ab von allem Bösen und tut Gutes! Setzt euch unermüdlich und mit ganzer Kraft für den Frieden ein! Denn Gott sieht mit Freude auf solche Menschen und wird ihre Gebete erhören!"
> *(Psalm 34, 13–16)*

Und:

> „Bittet Gott um seinen Segen für alle, die euch verfolgen, ja, betet für sie, anstatt sie zu verfluchen." *(Römer 12,14)*

Ich kann dir sagen, dass ich „Rotz und Wasser geheult" habe, als ich das las. Gott um seinen Segen zu bitten für die, die mich verfolgten? Wie sollte das möglich sein? Ja, Luc verfolgte mich überall. In meinen Träumen, in meinen Gedanken, in fast jedem Gespräch, wenn mich zum Beispiel wieder einmal jemand fragte: „Na, wie läuft es in deiner Beziehung? Ich habe lange kein Foto mehr von euch gesehen!" Oh, wie es mir vor diesen Situationen graute …

In meinem Andachtsbüchlein ging es noch weiter: „Wenn du heute in den Tag gehst, dann achte darauf, dass nichts zwischen dir und Gott steht, und dass du nicht aus einer Verletzung heraus handelst. Stattdessen versuche eher anderen mit Liebe zu begegnen, ‚denn Liebe sieht über Fehler hinweg' (1. Petrus 4,8) und ist ein sicherer

Weg zum Frieden" (aus dem Buch „Every Day in His Presence" von Charles F. Stanley).

Okay, den Frieden wollte ich. Wirklich. Ich hatte genügend schlaflose Nächte hinter mir. Genügend Heulkrämpfe. Ich wollte wieder leben! Ich wollte wieder von Herzen lachen können und so langsam wurde mir klar, dass mich jemand genau davon in den letzten Monaten bewusst abbringen wollte. Und wir wissen, von wem ich hier rede … Doch jetzt hatte ich das Steuerrad meines Lebens wieder in die Hand genommen und wollte den Spieß umdrehen. Bei allem, was ich ab diesem Zeitpunkt tat, fragte ich:

„Gott, was ist die Lektion, die du mir hiermit beibringen möchtest, damit ich sie später weitergeben kann?" Ich hatte der Bitterkeit endgültig den Kampf angesagt.

So saß ich in meinem Schlafanzug mit einem Kaffee an meinem Wohnzimmertisch, hatte die Bibel vor mir aufgeschlagen und war bereit, den nächsten Schritt zu gehen: beten und segnen. Ich wollte diesen Wunsch Gottes erfüllen, doch wünschte ich Luc wirklich Gottes Segen? Da blickte ich auf mein Leben zurück und all das Unrecht, dass ich Menschen angetan hatte, und erinnerte mich, wie Gott mir dennoch immer wieder Gutes getan hatte. Und so wagte den Schritt. Ich schloss die Augen und sagte zuerst ganz einfach: „Jesus, bitte segne Luc." Ich hatte nicht geglaubt, dass mir viel mehr einfallen würde, doch die Worte folgten von allein: „Ich möchte ihm wirklich vergeben. Es fällt mir schwer, doch mit deiner Hilfe kann ich es schaffen, das weiß ich. Vergib mir, denn auch ich habe viel Unrecht getan. Und was auch immer in seinem Leben gerade abläuft, segne ihn. Zeige du ihm den richtigen Weg und wenn er auf Abwege geraten sein sollte, dann hole du ihn zurück zu dir. Und auch wenn ich auf dem falschen Weg bin, dann zeige mir das klar auf. Amen."

Das war doch gar nicht so schwierig gewesen. Ich kann nicht sagen, dass ich aufgesprungen bin und sich von da an alles verändert hat, doch ich fühlte mich leichter. Ich war einen weiteren Schritt gegangen. Und plötzlich fing ich an, mich auch wieder an die guten Dinge zu erinnern. An die guten Dinge, die *Luc* für mich getan hatte und für die ich ihm dankbar sein konnte. Ohne ihn hätte ich zum Beispiel in den USA keine Songs aufnehmen können. Ja, mein Fokus fing an, sich zu verändern. Und noch etwas: Nach meinem Gebet geschah tatsächlich etwas, womit ich niemals gerechnet hätte! Und das hat mir wieder einmal bewiesen, dass Gott jedes Gebet erhört.

....

Worauf ich die ganze Zeit immer noch gewartet hatte, war eine Entschuldigung aus Lucs Mund. Ich wollte hören, dass ihm bewusst war, was er mir da angetan hatte. Ich wollte hören, dass ihm bewusst war, wie sehr er mich verletzt hatte. Am späten Nachmittag lag ich auf der Couch, scrollte mal wieder durch Instagram und sah plötzlich, dass *sie* mir folgte! Ich war verwundert. Wieso tat sie das? Dann sah ich, wie sie meinen Account „zugespamt" hatte. Unter mehrere Bilder schrieb sie: „Lass uns endlich in Ruhe. Er gehört mir." Dahinter sämtliche Bildchen von Ringen und Herzen, die natürlich nicht mir galten, sondern Luc und verdeutlichen sollten, wie glücklich sie doch waren. Dann markierte sie mich auf weiteren Bilder, die sie selbst mit Luc zeigten.

Das klingt nach einer kindischen Aktion, dennoch ist es verletzend, wenn du deinen Namen inmitten zweier Menschen siehst, die sich küssen, und wenn einer davon vor Kurzem noch „dein Mann" gewesen ist. Ich kam mit dem Löschen der Kommentare und Markierungen kaum nach. Doch sie einfach blockieren, das wollte ich auch nicht. Zu sehr war ich neugierig geworden und wollte verfolgen, wohin das alles führen würde mit den beiden. Stattdessen schrieb ich Lucs Schwester und beschrieb ihr, was gerade vor sich ging. Sie meinte: „Du musst dich sofort bei Luc melden und es ihm sagen. Wenn er das wüsste, wäre er empört!" Doch das stand für mich außer Frage. Ich wollte keinen Kontakt mehr zu ihm. Stunden später war Lucs neue Freundin mir zuvor gekommen und hatte mich *blockiert*. Ich wunderte mich, wie es dazu gekommen war. Die Antwort erhielt ich am nächsten Morgen, als ich in meiner Mailbox eine E-Mail von Luc fand. Schon allein das ließ mein Herz wild schlagen. Der Betreff lautete: „Es tut mir leid!" Ich kann dir sagen, dass ich schon in diesem Moment den Frieden fand, nachdem ich mich so lange gesehnt hatte! Diese einfachen vier Worte veränderten alles.

Immer wieder erwähne ich, welche Macht Worte haben. Auch diese Worte hatten eine sehr große Auswirkung auf mein Leben. Sie ließen mich frei werden und gaben mir endgültig die Kraft loszulassen. In der Mail entschuldigte sich Luc für alles, was mit seiner Verlobten vorgefallen war, und sagte, dass er sich selbst dafür schäme. Sie sei sehr eifersüchtig und es würde nie wieder vorkommen. Außerdem lobte er mein neues Musikvideo, was ganz neue Töne aus seinem Mund waren, die mir ein Lächeln in mein erschöpftes Gesicht zauberten.

Ja, es würde eine neue Zeit beginnen, ich wusste es. Und ich hatte diesen leisen Verdacht, dass Gott diesen Plan schon lange gehegt hatte. Er wollte mir diese Entschuldigung von Luc all die Zeit zukommen lassen, doch vorher wollte er sehen, ob ich auch bereit war, Luc zu vergeben, ohne noch einmal etwas von ihm gehört zu haben.

Vielleicht will Gott auch dich fragen: Bist du bereit, heute, an diesem Punkt in deinem Leben dem Menschen zu vergeben, der dich vielleicht noch nie darum gebeten hat? Dem Menschen, der dein Leben ruiniert hat, der dich in das „tiefe Loch" geschmissen hat, in dem du dich gerade befindest? Bist du bereit, das zu tun – für deine persönliche Erfahrung der Befreiung? Willst du erleben, wie Gott auch dich komplett wiederherstellen kann, indem du vergibst?

Willst du lernen zu vertrauen, dass er trotz allem einen guten Plan mit dir hat? Das ist deine Chance. Ich möchte dir helfen, sie jetzt, in diesem Moment zu ergreifen.

Schritt 3: Konkret werden.

Lies einfach folgendes Gebet laut vor:

„Jesus, du kennst mein ganzes Leben durch und durch. Und du weißt ganz genau, wie viel Ballast ich in den letzten Jahren mit mir herumgetragen habe. Heute möchte ich all das bei dir abladen. Ich entscheide mich, __________ zu vergeben. Bitte segne du _________. Es fällt mir schwer, das zu sagen, doch ich vertraue dir!

Schenk mir ein Vertrauen, wie Josef es hatte! Ich möchte wirklich glauben, dass du durch meine ganze Situation hindurch einen Plan hast, der viel größer ist als das, was ich heute sehen und verstehen kann. Danke, dass ich das Wunder noch sehen werde! Danke, dass du Großes mit mir und durch mich vorhast, und danke, dass du dich um __________ genauso kümmerst, wie du dich um mich kümmerst! Danke, dass du uns beide so sehr liebst! Amen."

15. Endlich wieder ich!

Erlebe den Durchbruch!

Diese Lektion über das Vergeben lernte ich tatsächlich in nur wenigen Tagen. Wir glauben oft, dass es Jahre dauern muss, bis wir nach einem völligen Zusammenbruch wieder gesund werden können. Und ja, auch bei mir sind viele Monate vergangen, bis ich diese ersten Schritte Richtung Heilung gehen konnte. Doch mit dem Moment, in dem ich mich entschieden hatte zu vergeben, kam mein persönlicher Neubeginn. Zwar hatte ich noch einen langen Weg vor mir, doch ich ging ihn sehr viel befreiter und gestärkter an. Ich hatte die Vergangenheit losgelassen und war nun bereit für Neues. Ich weiß nicht, wie oft ich Luc aufs Neue vergeben und mich immer wieder an meine Entscheidung dazu erinnern musste.

Bis heute gibt es Tage, an denen wieder die alten schlechten Gefühle hochkommen wollen und ich mich neu dazu entscheiden muss zu vergeben. Doch ich tue es immer wieder, weil ich weiß, wie viel Kraft in der Vergebung liegt! Und ich habe erfahren, wie viel Leben für mich bereitsteht, wenn ich das Alte loslasse. Leben, das meine Wut und mein Hass vor mir verborgen hält, bis ich diesen Schritt gehe!

Ein weiterer Schritt sind die Dinge, die du ganz praktisch tun kannst. Ich zum Beispiel musste Lucs Verlobte auf sämtlichen sozialen Netzwerken blockieren, wo sie es nicht schon getan hatte. Nein, nicht wegen ihr, sondern wegen mir. Um mich zu schützen, auch wenn ich eigentlich keine Angst mehr hatte vor ihren neuen Bildern. Denn ihre Hetze auf Instagram gegen mich hatte mir die Augen geöffnet: Auch diese scheinbar „perfekte" Frau war nur ein Mädchen auf der Suche nach Liebe – genau wie du und ich. Eine junge Frau, die sich nach einer starken Schulter zum Anlehnen sehnte. Eine weitere verletzte Seele, die mit einem teuren Ring am Finger glaubte, das gefunden zu haben, was sich jedes Mädchen wünscht: geliebt zu werden! Mittlerweile tat sie mir leid, denn ich fühlte mit ihr mit. Ganz besonders, als ich eines Tages erfuhr, dass auch ihre Beziehung nach nur ein paar Monaten wieder in die Brüche gegangen war. Früher hätte ich mich darüber gefreut, jetzt hatte ich das brennende Bedürfnis, ihr zu helfen. Ich fühlte nach meiner eigenen Erfahrung nun mit so vielen tollen Frauen mit, die auf der Suche nach etwas sind, das sie in ihren Beziehungen nicht finden können. Etwas, das in uns selbst entstehen muss: *Die Gewissheit, dass jede von uns einzigartig, wertvoll und in jedem Moment liebenswert ist. Dass sich nichts an uns ändern muss, damit wir Liebe verdienen.*

Denn Liebe verletzt nicht. Liebe heilt. Und wenn du das erkannt hast und durch und durch glaubst, wirst du sehen, wie deine Schönheit von innen heraus strahlen und dein ganzes Sein durchdringen wird. *Das* ist es, was eine Frau wirklich attraktiv macht. Ich wünsche jedem Mann auf Erden so eine Frau! Und jeder Frau auf Erden, dass sie zu so einer Frau werden kann! Und weißt du was? So und nur so können gesunde Beziehungen entstehen. Du kannst nicht von deinem Partner verlangen, dass er dir rund um die Uhr die Bestätigung gibt, nach der du dich sehnst. Auch kannst du nicht erwarten, dass er immer Rücksicht nimmt, wenn wir Frauen wieder einmal unsere Launen haben. In diesen Momenten müssen wir selbst stark genug sein und unabhängig von unseren Emotionen urteilen und handeln.

Glaube mir, ich bin immer noch täglich dabei, an mir zu arbeiten. Denn ich kann ganz schön fordernd und erwartend sein. Und wehe, die Person schreibt dann nicht sofort oder ruft nicht an, dann bin ich sehr schnell beleidigt. Aber wem schaden wir mit unserer „Zickigkeit" wirklich? Nur uns selbst. Denn wir vergeuden wertvolle Lebenszeit mit sinnlosen Überlegungen wie: „Wieso meldet er sich nicht? Was habe ich falsch gemacht? Bin ich ihm vielleicht doch nicht so wichtig?" Diese Zeit könnten wir so viel sinnvoller nutzen – zum Beispiel, um an unseren Träumen weiterzuarbeiten!

Wir können lernen, gelassener zu werden und erst einmal zu denken: „Er wird gerade nicht können und meldet sich sicher, sobald er frei ist." Falls es wirklich einen anderen Grund haben sollte, erfahren wir das noch früh genug und regen uns vorher nicht unnötig auf. Weißt du, was ich meine? Auch hier gilt wieder: Kontrolliere deine Gedanken!

Wir Frauen sind sehr gefährdet, viele Stunden des Tages mit unnötigen schlechten Gedanken zu vergeuden. Hinzu kommen die Tage, an denen wir uns allgemein „gerade nicht so wohl in unserer Haut fühlen", weil die Lieblingshose nicht sitzt oder wir aus irgendwelchen anderen banalen Gründen gerade einfach schlecht gelaunt sind.

Unser Leben wird beherrscht davon, wie wir uns gerade fühlen. Ich erlebe das selbst immer wieder. Wie oft hätte ich selbst wegen der „Hosenproblematik" heulen können, dabei sollte einem nach all den Jahren als Frau doch irgendwann einmal klar sein, dass das eben einmal im Monat einfach so ist und nach ein paar Tagen auch wieder besser wird. Trotzdem ist es in dem Moment immer wieder eine mittelgroße Katastrophe. Zähle mal alle diese Situationen zusammen. Was für eine Verschwendung deiner von Gott geschenkten Zeit! Wie wäre es, wenn wir in solchen Momenten erst recht aufstehen und sagen: *Nichts wird mich davon abbringen, heute aktiv zu werden und an Gottes Plan für mein Leben zu arbeiten! Und Action!*

„Darum bitte ich dich: Lass Gottes Gabe voll in dir wirksam werden!" *(2. Timotheus 1,6)*

16. Mit mir nie wieder!

Schütze dein Herz und deine Gabe!

Wie oft hast du schon gehört: „Also, ich bin nicht auf Facebook, das ist mir viel zu öffentlich" oder: „Also, mit mir muss man befreundet sein, um alle Bilder sehen zu können." Und dann gibt es sogar diejenigen, die nicht einmal ein Profilbild von sich einstellen, weil ihnen das zu privat ist. Verstehe mich nicht falsch, das ist völlig okay so. Wir leben schließlich in einer Zeit, in der man nicht einmal mehr seinem Nachbarn traut, geschweige denn etwas von ihm weiß. Oft denken wir uns: Je weniger sie von mir wissen, desto besser.

Auch online nehmen wir eine Freundschaftsanfrage normalerweise nur an, wenn wir die Person schon kennengelernt haben, die „in unser Leben eintreten möchte", und wenn wir ihr vertrauen. Wenn wir in diesen Dingen so vorsichtig sind, wie kann es dann sein, dass wir unser Herz so schnell für einen Menschen öffnen, den wir kaum kennen? Warum achten wir hier nicht besser auf unserer „Privatsphäre", um uns zu schützen? Ich glaube, dass ich nicht die einzige Frau auf Erden bin, die genau diesen Fehler gemacht hat. Und warum? Die Antwort liegt auf der Hand: Weil wir alle geliebt werden wollen und sobald sich nur die geringste Chance auftut, genau das zu erleben, brennen bei uns die Sicherungen durch. Klingt witzig, ist aber höchst gefährlich. Diese tiefe Sehnsucht, zu lieben und geliebt zu werden, hat Gott höchstpersönlich in uns hineingelegt. Und sie ist wundervoll. Wie wichtig die Liebe ist, bestätigt uns sogar die Bibel:

> „Wichtiger als alles ist die Liebe. Wenn ihr sie habt, wird euch nichts fehlen." *(Kolosser 3,14)*

Doch auf der Suche nach dieser Liebe vergessen wir oft sämtliche Sicherheitsvorkehrungen und öffnen uns viel zu schnell. Was ist aus der Zeit geworden, in der ein Mann die Frau zunächst umwerben und geduldig auf ihr „Ja" warten musste? Aus der Zeit, in der man sich erst zu vielen, langen Dates traf, bei denen mehr als ein zaghaftes Händchenhalten nicht drin war? Heute leben wir in einer Zeit, in der alles sofort passieren muss. Lieber zu früh als zu spät. Der wahren Liebe wird keine Zeit gelassen. Und man macht mit, weil man sonst seine Chance verpassen könnte. Wir haben wahre Liebe gegen etwas eingetauscht, das man Angst nennt. Die Angst, zu kurz zu kommen. Die Angst, der andere würde uns nicht mehr wollen, wenn wir uns Zeit lassen wollen. Die Angst, dass er es sich in der Zwischenzeit anders überlegen könnte, weil ihm eine andere, eine „Bessere" über den Weg läuft, auf die er nicht warten muss.

Wir haben das Vertrauen verloren, dass Gott wirklich den Richtigen für uns bereithält. Das Vertrauen, dass der von Gott auserwählte Mann auch noch auf uns warten würde, wenn wir versuchen würden, vor ihm zu fliehen, und zwischenzeitlich dreimal um die Welt reisen. Dabei ist es genau dieses Vertrauen, das uns vor viel unnötigem Schmerz bewahren kann.

Und in diesem Vertrauen lehrt uns Gott zu warten. Eine Eigenschaft, die wir für die wahre Liebe brauchen. Das ist die Art von Liebe, die Gott sich für uns alle wünscht. Wenn ein Mann nicht dazu bereit ist, dir die Zeit zu geben, die du brauchst, dann liebt er dich auch nicht. Und dann bringt es dir auch nichts, wenn du es trotzdem mit ihm versuchst. Du wirst nur deine kostbare Zeit vergeuden.

Und noch etwas habe ich verstanden: Nicht jeder Mann, der auf den ersten Blick passen könnte, ist es auch auf den zweiten. Ob jemand wirklich zu uns passt, zeigt sich eben einfach erst mit der Zeit – und genauso deshalb sollten wir uns diese nehmen.

....

Rückblickend weiß ich, dass ich es schon früher hätte sehen können, dass Luc und ich nie glücklich miteinander hätten werden können. Die zehn Tage, an denen ich krank gewesen war, in denen er mich nicht ein einziges Mal besucht hatte, hätten es mir schon klarmachen können. Hätte ich damals schon ein strengere „Privatsphäreneinstellung" für mein Herz gehabt, hätte ich niemals jemanden so schnell hineingelassen, der sich nicht einmal sicher war, ob er mich liebte.

Wie gefährlich ist es doch, wenn du jemanden so schnell in dein Leben hineinlässt, dass du mit ihm deine tiefsten Gedanken teilst, deine Wünsche, deine Träume und Sehnsüchte, und wenn dieser Mensch dann mit all dem, was du ihm anvertraut hast, einfach wieder geht. Du fühlst dich danach, als hätte diese Person den wertvollsten Teil von dir selbst mitgenommen, und bleibst als verletztes „Häufchen Elend" zurück. Dabei hast deine ganze Zeit und all deine Liebe in diesen Menschen investiert ... Ja, so sind wir Frauen leider oft. Und das ist auch wunderschön und von Gott gewollt. Trotzdem müssen wir Verantwortung für uns übernehmen und auf unser wertvolles Herz schön aufpassen. Immer in Absprache mit Gott, dem Erfinder und Schöpfer deines Herzens. Denn er weiß genau, wie viel dein Herz ertragen kann und wann es droht zu zerbrechen. Gott ist der größte Spezialist, wenn es um dein Herz geht. Es ist sein Fachgebiet. Du kannst seinen Rat deshalb nicht einfach übergehen, wenn du möchtest, dass dein Herz lange stark und gesund bleiben soll.

Wenn du schon an dem Punkt bist, an dem du spürst, dass es

eigentlich zu spät ist, weil du bereits verletzt zurückgelassen wurdest, dann ist es trotzdem nicht zu spät, sich an den Erfinder deines Herzens zu wenden. Und es ist nicht zu spät, ab jetzt besser auf dein Herz aufzupassen. Also hör auf, dem nachzutrauern, was sowieso keinen Sinn gemacht hätte! Lass los! Zum Schutz deines Herzens. Ja, deines Lebens! *Vergeude keinen einzigen Tag mehr damit, deinen Weg von deinen alten Schmerzen bestimmen zu lassen!* Bitte Gott, dich von diesen belastenden Gedanken und Erinnerungen zu befreien, und ändere die Privatsphäreneinstellungen deines Herzens!

Es ist gut, ein offenes Herz zu haben, doch du kannst dich nicht jedem komplett öffnen, ohne zu wissen, was seine wahren Absichten sind. Sei dir so viel wert, wie du Gott wert bist! Und Gott warst du es wert, dass er seinen einzigen Sohn für dich gab, damit du heute diese Gnade empfangen kannst, *weiterzuleben* und alle deine Verletzungen, genau wie alle Fehler, die du in der Vergangenheit gemacht hast, hinter dir zu lassen. Ich wünsche dir, dass sich dieses unglaubliche Geschenk wirklich in deinem Leben entfalten kann. Du bist ein Kind Gottes, des Königs des Himmels und der Erde, das heißt, du selbst bist königlich und unvorstellbar wertvoll! Es gibt also keinen Grund, sich mit anderen zu vergleichen. Du kannst aufhören zu glauben, du könntest eine Chance verpassen. Fange an zu glauben: „Ich bin genauso wichtig, denn Gott hat einen wertvollen, einzigartigen Schatz in mich hineingelegt." Und genau diesen Schatz musst du schützen. Bitte Gott, einen Engel vor deine Herzenstür zu setzen, und stelle dir bildlich vor, wie dieser ruft: „Stopp! Keinen Schritt weiter!", wenn dir jemand zu nahe tritt.

....

Sein Herz zu beschützen ist unendlich wichtig, doch wie wichtig es ist, seine Gabe zu beschützen, das begriff ich erst auf einer weiteren

Reise in die USA. Ich war sehr froh, meine Freunde und vor allem auch Steve wiederzutreffen. Nach allem, was passiert war, fehlten uns zunächst die Worte. Und wenn einem die Worte fehlen, dann ist es immer gut, einfach zu beten. Und das taten wir. Wir wollten hören, was Gott uns sagen wollte. Das mag komisch klingen, ist aber tatsächlich möglich für jeden, der Gott kennt. Also für jeden, der sein Wort liest. Denn wer sein Wort kennt, der versteht, wie genial Gott „tickt" und dass er sich danach sehnt, dass wir seine Nähe suchen:

> „Sucht die Nähe Gottes, dann wird er euch nahe sein."
> *(Jakobus 4,8)*

Ich finde es schön, dass es ganze Kurse zum Thema „Wie ich lerne, Gottes Stimme zu hören" gibt, doch ich bin eher der unkomplizierte Typ mit einem kindlichen Glauben und bevorzuge die einfacheren Lösungen. Ein Beispiel: Wenn meine Mutter anruft und ich ans Telefon gehe, dann muss ich auch nicht erst im Internet nachforschen, ob diese Stimme tatsächlich zu meiner Mutter gehört oder nicht. Ich weiß es einfach, denn ich kenne meine Mutter. Und sie könnte am anderen Ende der Welt sitzen und anrufen, ich wüsste immer noch hundertprozentig, dass es ihre Stimme ist.

So ist es auch mit Gott. Kennst du ihn, dann weißt du, dass er es ist, der spricht. Und er spricht nicht nur durch sein Wort, er spricht auch durch deine Freunde zu dir, durch bestimmte Situationen, durch eine Predigt am Sonntag im Gottesdienst oder durch eine Message, die du dir auf YouTube ansiehst. Wie auch immer – Fakt ist: Er spricht.

Und in diesem Moment, in der brütend heißen Sonne Kaliforniens, sprach Gott durch Steve. Wir hatten gerade zusammen gebetet und kaum hatten wir „Amen" gesagt, blickte er mich an und sagte: „Protect the gift!" (Beschütze deine Gabe.) Ich weinte. Es klang so banal, so logisch und doch hatte ich genau das eben nicht getan.

Meine Gabe, also meine Stimme und Leidenschaft für die Musik, hatte ich mir nehmen lassen. Sie war Gottes Geschenk an mich und ich hatte sie nicht beschützt. Ich war leichtfertig mit diesem wundervollen, ganz persönlichen Geschenk umgegangen, weil ich nur mich gesehen hatte und mein Verlangen danach, geliebt zu werden. Ich weinte so sehr.

Danach stand meine Entscheidung fest: Nie wieder würde ich meine Gabe eintauschen gegen einen Menschen, der mich vielleicht wollte, aber meine Gabe von Gott weder erkannte noch schätzte. *Protect the gift.*

17. Stärker denn je!

Wage den Neuanfang!

Ich denke, was vielen Menschen Angst macht, wenn sie einen Neuanfang in ihrem Leben wagen, ist die Ungewissheit. Nicht zu wissen, ob es gut gehen wird. Nicht zu wissen, wie konkret dieses „Gutgehen" überhaupt aussehen könnte. Nicht zu wissen: Wer bin ich überhaupt und was ist mein Platz auf dieser Welt? Was ist meine persönliche Gabe? All diese Fragen können einen leicht überwältigen – gerade dann, wenn man einen emotionalen Zusammenbruch hinter sich hat und ohnehin geschwächt ist.

Meine große Frage war an diesem Punkt meines Lebens: Habe ich alles verloren, was Gott bis heute mit mir und durch mich gemacht hat? Kann ich überhaupt noch seinen Segen haben, nachdem ich all das „weggeworfen" habe, weil ich mit der Entscheidung für diese Beziehung alles aufs Spiel gesetzt hatte? Jahrelang hatte ich zuvor erlebt, wie Gott durch meine Auftritte Menschen in eine Beziehung zu ihm geführt hatte, wie Mädchen ihre Essstörungen in den Griff bekamen und heil wurden. Ich erlebte Wunder über Wunder. Jetzt hatte ich kaum noch Auftritte und auch keinen Produzenten. Die vertraglich abgemachten Songs mit meinem Produzenten in den USA waren im Kasten und der Vertrag damit erfüllt. Und ob Daniel nach allem, was geschehen war, noch mit mir zusammenarbeiten würde, das wusste ich auch nicht. Alles schien plötzlich weit weg zu sein.

Würde ich den Weg dorthin zurückfinden? Wer würde jetzt mit mir arbeiten und langfristig in mich und meine Arbeit investieren wollen, weil er an mich glaubte? Woher sollte ich all das Geld nehmen, um wieder auf die Beine zu kommen? Mit Luc war zumindest dieser Punkt leicht, denn Geld war für ihn nicht das Problem. Das hatte ich in meinem Leben vorher so nicht gekannt.

Ich kann dir sagen, dass ich sehr viele Momente hatte, in denen ich an allem zweifelte und nicht mehr wusste, wie es weitergehen sollte – vor allem auch in finanzieller Hinsicht. Dann ließ Gott eine Situation zu, die zunächst wie ein weiterer Rückschlag aussah, doch die mir schließlich neu bewusst machte, dass Gott es gut findet, was ich mache, dass er hinter mir steht und sich sogar um meine Finanzen kümmert.

....

Eine Woche lang war ich in Spanien gewesen, um auf einem Jugendcamp den Bereich Musik zu leiten. Auf dem Rückweg zum Flughafen machte ich mit Daniel, der auch dabei gewesen war, und einem jungen Ehepaar einen Zwischenstopp in Barcelona. Uns war bewusst, wie gefährlich diese Stadt ist, und so parkten wir in einem Parkhaus, das im Internet als „äußerst sicher" galt. Glücklich schlenderten wir durch diese wunderschöne spanische Stadt, gingen in ein leckeres Restaurant und waren schließlich so spät dran, dass wir Angst hatten, den Rückflug zu verpassen. Hätten wir geahnt, was in der Zwischenzeit geschehen war, wäre das unsere kleinste Sorge gewesen.

Wir kamen zurück zu unserem Mietwagen und Daniel, dessen Tasche unter dem Vordersitz gelegen hatte, öffnete diese und sagte sofort: „Mein Macbook ist weg!" Und ich wusste, wenn er so etwas sagte, dann war es wahr. Darüber machte er keine Scherze. Also griff ich zu meinem kleinen Koffer, öffnete ihn – und auch mein

Computer war gestohlen worden! Wir erkannten das ganze Ausmaß der Katastrophe, als wir den Kofferraum öffneten und auch noch zwei große Koffer fehlten. Alle unsere Computer, iPads und anderen technischen Geräte waren gestohlen worden. Ein Schaden von knapp 15 000 Euro. Während Daniel total cool blieb, raste mein Herz und ich konnte die Tränen nicht zurückhalten. Es ist ein unbeschreibliches Gefühl, wenn du weißt, dass jemand an deinen Sachen war und dich ausgeraubt hat. Ich rannte, so schnell ich konnte, und wollte die Security holen. Diese ließ sich allerdings nicht aus ihrer „Siesta"-Ruhe bringen und war keineswegs hilfsbereit. So rannte ich weiter auf die Straße und suchte nach der Polizei. Aufgrund der aktuellen Terrorwarnungen war diese überall, allerdings durften sie sich nicht vom Platz bewegen. Also mussten wir schlussendlich in ein Polizeirevier fahren.

Ich zitterte am ganzen Körper, so regte ich mich auf. Das durfte doch nicht wahr sein! Während wir brav abwarteten, bis wir drankommen würden, blickte ich immer nervöser auf die Uhr. Es hatte sich eine kleine Schlange im Polizeirevier gebildet, denn solche Überfälle sind in Barcelona absolut normal. Das wurde mir auch gesagt, als die Polizistin uns anblickte und auf Spanisch zu ihrem Kollegen sagte: „Übernimm du die, ist ein einfacher Fall." Das ist nicht gerade das, was du hören möchtest, nachdem man dich ausgeraubt hat!

In ihrer spanischen Gemütlichkeit druckten sie in aller Ruhe die notwendigen Papiere aus, die jeder Einzelne von uns nun ausfüllen musste. Und unser Flugzeug flog in der Zwischenzeit ohne uns ab … Ich sah schon die hohen Kosten für vier neue, kurzfristig gebuchte Flüge auf uns zukommen, plus die Übernachtungskosten für vier Personen in einem Hotel.

Nach knapp vier Stunden auf dem Revier und der Aufnahme aller notwendigen Daten für unsere Versicherungen, wurden wir endlich entlassen. So standen wir mitten in Barcelona, ohne Computer, ein Teil von uns sogar ohne Kleidung zum Umziehen – und vor allem ohne Motivation, hier noch eine Nacht länger zu bleiben. Wir waren hungrig, wir waren müde und wollten nur noch weg. So fuhren wir einfach los, während ich mit meinem iPhone nach einem Hotel googelte. Die Preise waren unbezahlbar! Kein Wunder, so kurzfristig wie wir buchen wollten. Da hielt ich inne. In all dem Stress, in all dem Trubel und Ärger hatten wir noch gar nicht zusammen gebetet! Und so hörte ich mich sagen: „Leute, jetzt lasst uns erst mal runterkommen und beten." Wir beteten nicht um Rache. Wir beteten, dass Gott die Diebe segnen würde. Und wir baten Gott, uns zu helfen. Auch für ein günstiges Hotel beteten wir.

Danach kicherten wir los. Irgendwie tat es gut, unsere Feinde zu segnen. Es befreite uns.

Ich ging nochmals auf die gleiche Buchungsseite und siehe da, ein 5-Sterne-Hotel bot Zimmer zu einem Preis an, der gar nicht möglich sein konnte! Es musste ein Fehler sein! Ich schlug sofort zu und buchte das Hotel, bevor sich der Preis vielleicht doch noch ändern würde. Unglaublich, hatten wir nicht erst vor zwei Minuten genau dafür gebetet?

Kurze Zeit später kamen wir in diesem wirklich fantastischen Hotel an und als ich dem Rezeptionisten unsere tragische Geschichte erzählt hatte, entschuldigte er sich prompt für sein ganzes Land. Ihm tat das alles so leid, dass er uns Upgrades in Juniorsuiten verpasste und beim Dinner gab es eine Flasche Prosecco aufs Haus.

Spät abends legte ich mich in die große Badewanne meiner Juniorsuite und dachte nur: „Bin ich ein gesegnetes Königskind!"

Du glaubst, das ist schon die ganze Geschichte? Falsch gedacht! Denn wenn Gott erst einmal loslegt, dann ist er nicht mehr aufzuhalten. Noch während wir stundenlang auf dem Polizeirevier aufgehalten worden waren, hatte ich vor Ort ein Livevideo für Facebook gestartet. Das hatte ich vorher noch nie gemacht, doch jetzt hatte ich ja Zeit, um so etwas einmal auszuprobieren. Ich berichtete, wie toll dieses Jugendcamp gewesen war und dass es meinen eigenen Glauben so gestärkt hatte, dass ich beschlossen hatte, ein Musikvideo zu meinem Song „One prayer“ zu drehen – auch wenn er sehr viel Geld kosten würde. Dann erzählte ich, dass wir einen Tag nach dieser Entscheidung ausgeraubt wurden. Eigentlich wäre das ein Grund zu sagen: „Äh, doch nicht!“, doch ich versicherte meinen Facebook-Freunden, dass ich es „jetzt erst recht“ durchziehen wollte.

Diese Videomessage hatte so viele erreicht und bewegt, dass mir einige schrieben: „Super, das musst du auch machen! Wie kann man dir helfen? Mach doch einen Spendenaufruf!“ Nie im Leben hätte ich mich getraut, von mir aus einen Spendenaufruf zu initiieren, doch es kamen immer mehr und mehr solcher Kommentare, sodass ich es schlussendlich tat. Und du wirst es nicht glauben, aber innerhalb von sechs Tagen hatte ich die Summe für den Dreh zusammen.

> „Ich bin der Herr über alle Menschen,
> mir ist nichts unmöglich!" *(Jeremia 32,27)*

In diesem Moment fiel mir wieder mein Bild ein, wie Gott seine geliebten „Playmobil-Figuren“ zur richtigen Zeit zu den richtigen Dingen bewegen kann. Er hat gesehen, dass eine dieser Figuren in Not war, und hat gehört, wie sie zu ihm geschrien hat. Also hat er diejenigen, die helfen konnten, liebevoll angestupst und in Bewegung gesetzt, um die „Figur in Not“ zu unterstützen. Diese Figur war in dem Moment ich. Und ein anderes Mal bist es du! Du musst nur rufen und Gott stellt dir die richtigen Menschen „vor die Füße“.

> „Wenn du keinen Ausweg mehr siehst,
> dann rufe mich zu Hilfe! Ich will dich retten,
> und du sollst mich preisen."
> *(Psalm 50,15)*

Das ist der SOS-Psalm schlechthin! Und ich finde, der Deal ist mehr als fair: Wir müssen nur rufen, dann rettet uns Gott und wir sollen ihn dafür preisen! Wenn Gott auf wundersame Art und Weise eingreift, dann muss er mich gar nicht dazu auffordern, ihn zu loben. Nach diesem Erlebnis *konnte* ich gar nicht anders, als ihn zu preisen!

Das sind diese überwältigenden Momente, die einen vor Glück tanzen lassen. Es sind Momente, die man sich tief in sein Herz eingravieren muss. Denn genau an diese Momente müssen wir uns erinnern, wenn wir das nächste Mal an einen Punkt kommen, an dem wir verzweifelt sind – und der kommt bestimmt. Und wenn wir uns dann erinnern, wie viel Gutes Gott in unserem Leben schon getan hat – und das geht am besten, wenn wir ihn dafür preisen –, dann wächst unser Vertrauen dadurch und wir glauben auch in der neuen Situation an einen guten Ausgang. Das ist ein ganz wichtiger Schlüssel. Wenn du am Boden bist, dann erinnere dich an das Gute, das Gott dir bis heute schon getan hat! Danke Gott für all das und preise ihn im Voraus für die Wunder, auf die du noch wartest. Das ist ein Glaube, der Gott gefällt.

> „Denn Gott hat nur an den Menschen Gefallen, die ihm fest vertrauen. Ohne Glauben ist das unmöglich. Wer nämlich zu Gott kommen will, muss darauf vertrauen, dass es ihn gibt und dass er alle belohnen wird, die ihn suchen!"
> *(Hebräer 11,6)*

Was mich persönlich sehr berührt hatte, war, wie unterschiedlich die Menschen waren, die mir geholfen hatten, mein Musikvideo zu finanzieren. Das waren alleinerziehende Mütter, die ohnehin nur wenige finanzielle Mittel zur Verfügung hatten, genauso wie sehr junge Mädchen, die erstaunlich hohe Beträge überwiesen hatten. Als ich diese Mädchen fragte, weshalb sie das taten, hauten mich ihre

Antworten um: Von „Ohne dich wäre ich nicht mehr am Leben" bis „Dank dir habe ich meine Essstörungen endlich im Griff" war alles dabei. Ich weinte. Vor Freude. Und Dankbarkeit. Denn Gott hatte mir durch diese Geschichte nicht nur gezeigt, dass er immer noch nach allem, was ich falsch gemacht hatte, Großes mit mir vorhatte und mich nicht aufgegeben hatte; er zeigte mir auch, dass ich mich nicht von anderen Menschen und deren Finanzen abhängig machen musste, sondern allein von ihm. Er zeigte mir, dass er im richtigen Moment schon die richtigen Playmobil-Figuren „in Bewegung setzen" würde, wenn ich nur zu ihm rufe.

....

Von wem oder was machst du dich abhängig in deinem Leben? Wo traust du Gott nicht alles zu, was es bräuchte, um deine Träume zu leben? Hast du Angst, dass du nicht „genug bist" oder „genug hast"? Zu diesem Thema gibt es so viele Bibelstellen, dass wir wirklich fest darauf vertrauen können: Gott hält sein Wort. Auch in deinem Leben. Hier sind nur einige Stellen:

> „Lieber wenig besitzen und tun, was Gott will, als in Saus und Braus leben und Gott verachten. Denn der Herr lässt machtgierige Menschen scheitern, aber er kümmert sich liebevoll um alle, die ihm treu bleiben." *(Psalm 37,16–17)*

> „Lieber arm und Gott gehorsam, als reich und voller Sorgen." *(Sprüche 15,16)*

> „Seid nicht hinter dem Geld her, sondern seid zufrieden mit dem, was ihr habt. Denn Gott hat uns versprochen: ‚Ich lasse dich nicht im Stich, nie wende ich mich von dir ab!'" *(Hebräer 13,5)*

Ich will dir damit nicht sagen, dass du arm werden sollst oder dass es gar gut ist, nicht so viel zu arbeiten. Im Gegenteil, dagegen spricht sich die Bibel entschieden aus:

> „Setz alles daran, dass du in deiner Arbeit zuverlässig bist und dich für nichts schämen musst." *(2. Timotheus 2,15)*

Oder:

> „Alles, was du tun kannst, wozu deine Kraft ausreicht, das tu!" *(Prediger 9,10)*

All das klingt für mich nicht gerade nach „Lass uns auf der faulen Haut liegen, Gott wird schon alles machen". Gott möchte, dass wir unser Leben in die Hand nehmen und nicht darauf warten, dass jemand anderes die Verantwortung für uns übernimmt. Wenn wir unser Bestes geben und seine Hilfe brauchen, wird er uns diese mit Freuden zukommen lassen – egal, ob wir mehr Geld, mehr Zeit, mehr Unterstützung von lieben Menschen oder was auch immer brauchen. Gott wird dir das geben, was du brauchst und was dir guttut.

Einer meiner größten Zweifel nach dieser turbulenten Zeit in meinem Leben war, ob ich auch allein, ohne Luc und schlimmstenfalls auch ohne Daniel, klarkommen würde. Diese Frage konnte ich nach meinem „One-prayer-Wunder" klar mit Ja beantworten. Ich hatte erlebt, dass Gott zu mir persönlich hält und dass er seinen Plan mit mir durchzieht, egal, wie die Umstände auch sein mögen. Aber der noch größere Zweifel beziehungsweise die größte Angst war immer noch: Hatte Gott diese besondere Segnung, diese „Salbung", wie Christen es nennen, von mir genommen? Würde ich nach all dem noch genauso viel in seinem Reich bewirken können wie vorher? Diese Angst hätte mich ein Leben lang stressen können, wenn ich versucht hätte, selbst die Antwort auf diese Frage zu finden. Doch ich hatte inzwischen ja gelernt, immer in Gottes Wort nach Antworten auf meine Fragen zu suchen. Und darin stand es, schwarz auf weiß:

> „Denn Gott fordert weder seine Gaben zurück, noch widerruft er die Zusage, dass er jemanden auserwählt hat."
> *(Römer 11,29)*

Was für ein unglaublicher, wundervoller und gnädiger Gott, der einem jeden Zweifel nimmt und ihn mit einer Erfahrung seiner Liebe ersetzt! Ich nahm mir diesen Vers zu Herzen und ich wusste, Gott hält sein Wort! Noch ohne zu sehen, in welche Richtung es weitergehen würde, ohne zu wissen, ob ich je wieder so viel unterwegs sein würde wie zuvor, sagte ich innerlich Ja. Ja zu dem, was Gott für mich vorgesehen hat. Ja zu seinem Plan. Ja zu der vielen Arbeit, die nun vor mir liegen würde. Ja zu der Tatsache, teilweise ganz von vorne beginnen zu müssen. Und schließlich Ja zu mir. Ja zu der Déborah, die perfekt ist, so wie sie ist, die mit Jesus in ihrem Herzen und seinem Wort in der Handtasche alles hat, um für jeden neuen Tag ausgerüstet zu sein. Mir wurde ganz neu bewusst, dass ich damit alles hatte für ein siegreiches Leben.

....

So machte ich mich erneut auf den Weg, um mein Alles für ihn zu geben, und bin heute *stärker denn je*. Was ich damals noch nicht hatte ahnen können, war, dass ich, genau wie Josef, nach dieser schweren Zeit mehr zurückbekam, als ich vorher je hatte – vor allem in Bezug auf meinen Auftrag. Mittlerweile arbeite ich wieder mit Daniel zusammen, der diesen Auftrag zu hundert Prozent mit mir teilt, und unsere Zusammenarbeit war musikalisch nie produktiver und intensiver und menschlich – trotz allem – nie vertrauensvoller.

Außerdem bin ich noch mehr unterwegs als früher. Doch mit dem, was mir Gott „mehr" zurückgegeben hat, meine ich gar nicht unbedingt einen volleren Terminkalender, sondern ein „Mehr" an Tiefgang bei meinen Auftritten, ein „Mehr" an Gottes Gegenwart in meinem Leben, ein „Mehr" an Qualität in dem, was ich tue, und ein „Mehr" an Liebe für meine Mitmenschen! Ja, nach all dem Erlebten bin ich ihnen so nah wie nie, weil ich selbst so intensiv erlebt habe, wie schmerzhaft das Leben sein kann.

Außerdem hat es mich geprägt, plötzlich wieder so viel Zeit gehabt zu haben, um einmal wirklich still zu werden und in der Bibel zu lesen. Ich habe mich entschieden, mir diese intensiven Zeiten mit Gottes Wort beizubehalten. Vielleicht, weil ich nun weiß, dass ich nicht überlebensfähig bin, ohne mich immer wieder neu aufzutanken mit der Wahrheit, die frei macht. Auch das ist eine Entscheidung, die wir besser heute als morgen treffen sollten. Eine Frage, die wir uns immer wieder stellen sollten, ist: Wo gebe ich Gott die Möglichkeit, einmal in Ruhe zu mir zu sprechen, ohne dass ich abgelenkt bin?

Spule ich zurück zu dem Beginn meiner Beziehung zu Luc und überlege, was passiert wäre, wenn ich schon zu diesem Zeitpunkt so verankert in Gottes Wort gewesen wäre, dann wird mir klar: Ich hätte die Beziehung nach kürzester Zeit beendet und mir dieses schmerzhafte Jahr erspart. Dennoch weiß ich, dass in letzter Konsequenz alles gut ist, wie es ist. Denn ich vertraue Gott. Ich vertraue einem Gott, der Herzen heilt. Einem Gott, der frei macht von Ängsten und Depressionen. Einem Gott, für den ein Burn-out eine wunderbare Chance ist, eine ganz neue Geschichte zu schreiben.

....

Als ich fast fertig war, dieses Buch zu schreiben, kam ich noch einmal in eine sehr herausfordernde Situation. Sie hätte mir eigentlich große Zukunftsängste bereiten sollen und betraf meine ganze Familie. Doch statt zu verzagen, zu weinen oder in Panik zu geraten, fand ich eine große Kraft, die tief in meinem Inneren steckte. Ich war selbst so voll von meinen eigenen Worten, von den vielen wertvollen Bibelversen, die in diesem Buch stecken, dass ich selbst zur Ermutigerin für die Menschen in meinem Umfeld werden konnte – obwohl noch kein Land in Sicht war. Dazu war ich allein deshalb in der Lage, weil ich gelernt hatte, Gott zu vertrauen.

Als mir das bewusst wurde, wurde mir klar, wie besonders dieses Buch und die Geschichte darin für mich sind. Kein Wunder, Gott hatte mein Gebet erhört! Ich hatte ihn um eine neue Geschichte gebeten. Und er hat sie mir gegeben. Sie war schrecklich, sie tat unheimlich weh, aber trotzdem bereue ich nicht, dieses Gebet gesprochen zu haben. Im Gegenteil, heute sage ich: „Danke, Gott! Du wusstest genau, was du mit mir vorhattest, und auch in meiner schlimmsten Stunde bist du mir nie von der Seite gewichen!" Diese neue Geschichte hat mich verändert. Sie hat mich stärker gemacht. Stärker denn je.

> „Herr, wer dich kennenlernt, der wird dir gern vertrauen.
> Wer sich auf dich verlässt, der ist nie verlassen!" *(Psalm 9,11)*

Was Gott von dir verlangt, mag dir vielleicht viel zu schwer, viel zu schmerzhaft oder schier unmöglich erscheinen, doch vergiss nie, dass Gott selbst es ist, der dir dabei helfen wird. Sich darauf zu verlassen, ist nicht immer leicht. Wenn es so einfach wäre, Gott zu vertrauen, würden es schließlich alle Menschen problemlos tun. Das Vertrauen nicht zu verlieren und den Glauben an ihn zu bewahren, selbst wenn das Leben gerade völlig aus den Fugen zu geraten scheint, ist sicher eine der größten Herausforderungen deines Lebens, denn es bedeutet, sich eben nicht von deinem menschlichen Verstand leiten zu lassen, sondern von dem, was du glaubst, ohne es zu sehen. Aber Gott ist ein geduldiger Lehrer, der nicht von deiner Seite weicht, auch wenn du den „Vertrauenstest“ einmal nicht bestehen solltest. Er glaubt weiterhin an dich! Und er will dich siegen sehen! Du musst einfach lernen, ihm dein volles Vertrauen zu schenken – und du wirst sehen, er wird dich niemals enttäuschen.

Meine Liebe, vielleicht sieht dein Weg für dich vollkommen anders aus als der, den du dir gewünscht hättest. Vielleicht steckst du in einer Situation, die du so niemals wolltest. Nach allem, was ich erlebt habe, kann ich dir nur sagen: Vertraue, suche Gott und vertraue noch mehr. Er wird dich segnen, wenn du auf seine Stimme hörst und ihm gehorchst. Auch im größten Schmerz und Chaos deines Lebens. Fokussiere dich auf das, was er schon alles für dich getan hat und noch tun möchte, fokussiere dich darauf, wer er ist – und nicht auf deine Situation und deine begrenzten Möglichkeiten! Sei dir sicher, du kannst ihm vertrauen!

Er wartet nur auf eine Gelegenheit, um dir genau das zu beweisen. Fürchte dich nicht, wenn die Stürme des Lebens dich erreichen. Lass nur niemals seine Hand los! Klammere dich an das Wort Gottes und lass zu, dass diese Zeiten dich verändern und deinen Charakter formen. Gott möchte eine neue Geschichte mit dir schreiben. Eine, durch die auch du stärker wirst, stärker denn je!

Nachwort

Mein Herz bricht heute, wenn ich mich umsehe und überall Menschen begegne, die wirklich Schreckliches durchgemacht haben. Ja, es gibt so viel Not und so viel Schmerz auf dieser Erde. Gott hat in seinem Wort sogar vorhergesagt, dass dies so kommen würde. Doch ich bin davon überzeugt, dass es für uns immer wieder einen Neuanfang gibt – und dass Gott uns dann ein Leben schenken will, das noch viel besser ist als das, das wir zuvor hatten. Ich kann das behaupten, weil ich es selbst schon zweimal genauso erlebt habe. Das erste Mal, nachdem eine siebenjährige Essstörung mir nicht nur die Jugend gestohlen hat, sondern mich fast das Leben gekostet hätte. Und das zweite Mal nach dem Zusammenbruch meiner Beziehung – und meiner ganzen Identität. Ich wollte und konnte einfach nicht mehr.

Niemals hätte ich gedacht, dass ein Mensch, dem es doch eigentlich so gut ging, noch einmal so tief fallen könnte! Dabei weiß ich, dass die Welt voll ist mit Menschen, die sich selbst aufgegeben haben, die nicht weiterleben wollen, weil sie keinen Sinn mehr in ihrem Dasein sehen.

Ich habe von jungen Frauen gehört, die versucht haben, frei von ihrer Essstörung zu werden, und dann von ihrem Therapeuten gesagt bekommen haben: „Du wirst niemals völlig frei werden, aber du kannst die Krankheit in den Griff bekommen." Wenn ich das höre, schreit mein Herz laut auf. Denn ich bin der lebendige Beweis dafür, dass es für jeden von uns immer einen Ausweg gibt. Denn bei Gott ist nichts unmöglich – egal, ob du jung, alt, arm oder reich bist. Gott ist Gott. Und dieser wunderbare, allmächtige Gott liebt jeden von uns so bedingungslos und er möchte jedem helfen, der seine Nähe sucht.

> „Bleibt besonnen und wachsam! Der Teufel, euer Todfeind, läuft wie ein brüllender Löwe um euch herum. Er wartet nur auf ein Opfer, das er verschlingen kann."
> *(1. Petrus 5,8)*

Leider ist auch das eine geistliche Realität. Dieser Vers bedeutet, dass der Teufel *immer* überlegt, wie er dich verletzen kann, und er wird jede Möglichkeit nutzen, genau das zu tun. Gerade in dem Moment, in dem du weinend am Boden liegst und überlegst, ob du die Bibel aufschlagen sollst, weil du vielleicht gerade durch dieses Buch dazu ermutigt wurdest. Er wird dir ins Ohr flüstern: „So ein ödes Buch, das hat doch nichts mit deinem Leben und deinem Leiden zu tun!" oder: „Du bist viel zu sündig, für dich gilt das alles nicht. Bei der Déborah hat das vielleicht funktioniert, aber die ist ja auch viel weiter, viel heiliger als du!"

Wenn du solche Gedanken bekommen solltest, kannst du dir sicher sein, dass du auf einem guten Weg bist! Denn der Teufel haucht dir immer dann seine Lügen ein, wenn er Angst bekommt. Angst vor der starken Frau, die kurz davor ist zu erkennen, dass eine Löwin in ihr steckt! Nicht umsonst geht der Vers so weiter:

> „Stark und fest im Glauben sollt ihr seine Angriffe abwehren. Und denkt daran, dass alle Christen in der Welt diese Leiden ertragen müssen!" *(1. Petrus 5,9).*

Am Ende dieses Buches möchte ich dir noch einmal sagen: Du bist nicht allein mit deinen Kämpfen. Und auch wenn ich in diesem Buch sehr direkt vom Teufel gesprochen habe und dir dieses Thema bisher entweder fremd war oder es dir Angst macht, dann möchte ich dir zusagen: Jesus hat am Kreuz alles überwunden.

> „In der Welt habt ihr Angst, aber seid getrost.
> Ich habe die Welt überwunden." *(Johannes 16,33)*

Wir brauchen keine Angst zu haben – erst recht nicht davor, was andere Menschen über uns denken. Denn wir haben alle unsere Kämpfe, es wird nur selten so offen darüber gesprochen, weil es sehr viel Scham mit sich bringt. Wer will sich schon freiwillig als „die Schwache" präsentieren? Doch ich ermutige dich, heute noch aufzustehen und deiner Schwachheit den Kampf anzusagen! Habe große Erwartungen an das Leben! Trau dich, groß zu träumen – und Gott zu vertrauen! Und trau dich, all deinen Ängsten den Kampf anzusagen, die dich genau davon abhalten wollen. Ich weiß, wie es sich anfühlt, ganz unten zu sein. Panische Angst zu haben vor einer weiteren schlechten Nachricht, die einem den Boden unter den Füßen wegzieht. Doch selbst hierfür gibt es einen Vers in der Bibel:

> „Er fürchtet sich nicht vor schlechter Nachricht, denn sein Glaube ist stark – er vertraut dem Herrn." *(Psalm 112,7)*

Ist das nicht unglaublich? Du darfst selbst in deiner größten Depression mutig werden! Konfrontiere deine Ängste mit deinem starken Glauben! Erwarte Gutes, nicht Schlechtes! Meinst du wirklich, dass dieser liebende Gott, der seinen einzigen Sohn gab, damit wir frei werden können von jeder Schuld und jedem Schmerz, jeder Depression und jedem Burn-out, jeder Einsamkeit und Angst, jeder Essstörung und jedem Minderwertigkeitskomplex – meinst du wirklich, dass dieser Gott seine Meinung plötzlich ändert und dieses große Angebot für dich ungültig macht?

Gott ist treu. Und er möchte dich von all dem befreien. Weil du es ihm wert bist. Und Gott wusste, dass dir das Schmerzhafte, unter dem du gerade leidest, passieren würde. Er hat es nicht verhindert, weil es sein Wunsch ist, dass du durch diese Erfahrung näher zu ihm geführt wirst! Dass du erlebst, wie er dich dadurch formt, wie er deinen Charakter prägt und dich so zu einer Ermutigerin und Weltverbesserin macht! Weil du gesehen und erlebt hast, dass diese Freiheit möglich ist. Für jeden. Du kannst aus deiner größten Zerbrochenheit in die größte Freiheit geführt werden. Ich habe nirgendwo auf Erden eine wirkungsvollere Methode gefunden, um sein Leben nicht nur in den Griff zu bekommen, sondern mit Sinn zu füllen, als durch die Nähe zu Gott. In seinem Wort finden wir die besten Ratschläge für ein erfolgreiches, gesundes und sinnvolles Leben.

„Du hast eine Zukunft! Du darfst neue Hoffnung schöpfen!"
(Jeremia 31,17)

Diesen absoluten Tiefpunkt meines Lebens bereue ich heute kein bisschen. Denn er hat mich zu einer Frau gemacht, die viel über Gott lernen durfte und weiß, dass er *immer* da ist, *immer* weiß, was er tut und *immer* rechtzeitig handelt. Ja, Gott hat mein Gebet erhört. Er gab mir eine neue Geschichte. Eine neue Geschichte, die so schmerzhaft und persönlich ist, dass ich sie doch lieber für mich behalten wollte. Doch heute weiß ich, dass Gott immer an meiner Seite war und dass er diese neue Geschichte gebrauchen möchte, um vielleicht genau in dein Leben zu sprechen und dir neue Hoffnung für deine Zukunft zu schenken. Das ist mein größter Wunsch – und der Grund, warum ich dir mein Herz geöffnet habe.

„Ja, so ist mein Gott: Er ist meine Rettung, ich vertraue ihm und habe keine Angst. Der Herr allein gibt mir Kraft. Denke ich an ihn, dann beginne ich zu singen, denn er hat mich gerettet.“ *(Jesaja 12,2)*